	たり	たら	たり	たり	たる	たれ	たれ	ラ変	①完了（…た・…てしまった） ②存続（…ている・…てある）
	たし	（たく） たから	たく たかり	たし	たき たかる	たけれ	○	形容詞	①希望（…たい・…てほしい）
	けむ	○	○	けむ	けむ	けめ	○	四段	①過去推量（…ただろう） ②〔過去の〕原因推量（〔どうして／～だったので〕…たのだろう） ③〔過去の〕婉曲・伝聞（…たような・…たとかいう）
終 ※1（ラ変は体）	らむ	○	○	らむ	らむ	らめ	○	四段	①〔視界外の〕現在推量（今頃は…ているだろう） ②原因推量（〔どうして／～なので〕…なのだろう） ③婉曲・伝聞（…のような・…とかいう）
	らし	○	○	らし	らし	らし	○	無変化	①〔確かな根拠にもとづく〕推定（…らしい）
	べし	（べく） べから	べく べかり	べし	べき べかる	べけれ	○	形容詞	①推量（…だろう） ②当然（…はずだ・…べきだ） ③可能（…できる） ④意志（…しよう） ⑤命令（…しろ） ⑥適当（…がよい）
	まじ	（まじく） まじから	まじく まじかり	まじ	まじき まじかる	まじけれ	○	形容詞	①打消推量（…ないだろう） ②打消当然（…はずがない・…べきでない） ③不可能（…できない） ④打消意志（…しないつもりだ） ⑤禁止（…するな） ⑥不適当（…ない方がよい）
	めり	○	（めり）	めり	める	めれ	○	ラ変	①推定（…ようだ） ②婉曲（…ようだ・…と思われる）
	なり	○	（なり）	なり	なる	なれ	○	ラ変	①推定（…ようだ） ②伝聞（…という・…だそうだ）
体言 体	なり	なら	なり に	なり	なる	なれ	なれ	形容動詞	①断定（…である） ②存在（…にある・…にいる）
	ごとし	○	ごとく	ごとし	ごとき	○	○	形容詞	①比況（…のようだ） ②例示（…など）
体言	たり	たら	たり と	たり	たる	たれ	たれ	形容動詞	①断定（…である）
サ未 四已	り ※2	ら	り	り	る	れ	れ	ラ変	①完了（…た・…てしまった） ②存続（…ている・…てある）

※1…ラ変型に活用する語（＝①ラ変動詞／②形容詞（カリ活用）・形容動詞／③ラ変型・形容詞型（カリ活用）・形容動詞型に活用する助動詞）の場合は、その [illegible] に接続する。

※2…サ変動詞の未然形、または四段動詞の已然形（命令形）に接続する。

はじめに

時間の限られた受験生にとって無駄は禁物。解説が冗長で内容理解に時間を要する問題集はよくありません。志望校レベルに最短距離で到達するためには、今の自分の学力に合った問題と**一切の無駄を省いた解説が掲載された問題集**を使って学習する必要があります。

本シリーズは、膨大な入試問題データベースから「学力を伸ばす良問」を厳選し、その難易度・問題形式等を分析してレベル別に再編*1した問題集です。解説文は徹底的に無駄を省きながらも、解答する過程で一切の疑問点を残さぬよう、有効な情報*2はふんだんに盛り込んであります。また、読解しながら単語・文法の知識*3も深められるようになっています。

本書「レベル③」は、「**共通テスト対策**」に的を絞っています。文脈を追いながら読解し、内容の理解を試す設問が出題されるのが共通テスト古文の傾向。古文にはどのような価値観が存在するのか、どのような表現が重要視されるのかなどの古文常識や内容パターンを理解しておくと、本番において非常に有利になります。共通テストの出題傾向を見据えて本番前に強化していくポイントは、ずばり「**10パターン**」あります(☞9頁)。本書は、全10回の問題演習でそのすべてを一つ一つマスターできる構成になっています。

問題を解きながら、単語・文法・読解法の知識を同時に身につけ、さらに古文独特の価値観の理解を深めてほしい。そうすれば、古文読解の実力や選択肢を選別する力も飛躍的にアップするはずです。暗記と単純な消去法だけを繰り返すのではなく、「真の得点力」を身につけるべく演習を重ねていきましょう。

著者　富井健二

◆**補足説明**

＊1…内容やジャンルにおいて得手不得手が生じないように、**様々な形式の問題**を偏りなく取り上げました。

＊2…本文解説の細かい**補足説明**は脚注に収録。【全文解釈】では問題文の**一語一語をすべて品詞分解**し、活用形・意味・用法などを明示。この上ないほどきめの細かい解説を実現しました。

＊3…重要な**古文単語**・**古典文法**の知識が読解の中で効率的に身につくよう、【全文解釈】の脚注に掲載しました。

❷本書の特長――「主要28大学×10年分の入試分析結果」をもとにした問題集――

この「古文レベル別問題集」制作にあたって、我々は東京大学の古文サークルにご協力いただき、かつてないほど大規模な大学入試問題分析を敢行。主要28大学＊1計277学部の入試問題を各10年分、合計「約1000題」＊2を対象として、次の3点について分析・集計を行ないました。

【大学入試の分析ポイント】

① 出題された問題文の出典（作品名）・ジャンルは何かを集計＊3（結果は左図参照）。

② 問題文中の傍線部や空所に入る語句をすべて品詞分解し、そこに含まれる文法・単語を集計＊4。

③ 傍線部・空所以外にも、解答に直接関わる文法・単語等を集計。

入試で問われる（＝覚えておけば得点に直結する）知識は何なのか。個人の経験や主観ではなく、極めて客観的・統計的な大規模調査を行ない、その結果を本書に落とし込みました。

受験生が古文に割くことのできる限られた時間を、実際はほとんど出題されない知識の修得に費やす。従来のそういった古文学習の悪癖を払拭し、本当に必要な知識だけを最短距離で身につけるための問題集であるという点が、本書最大の特長です。

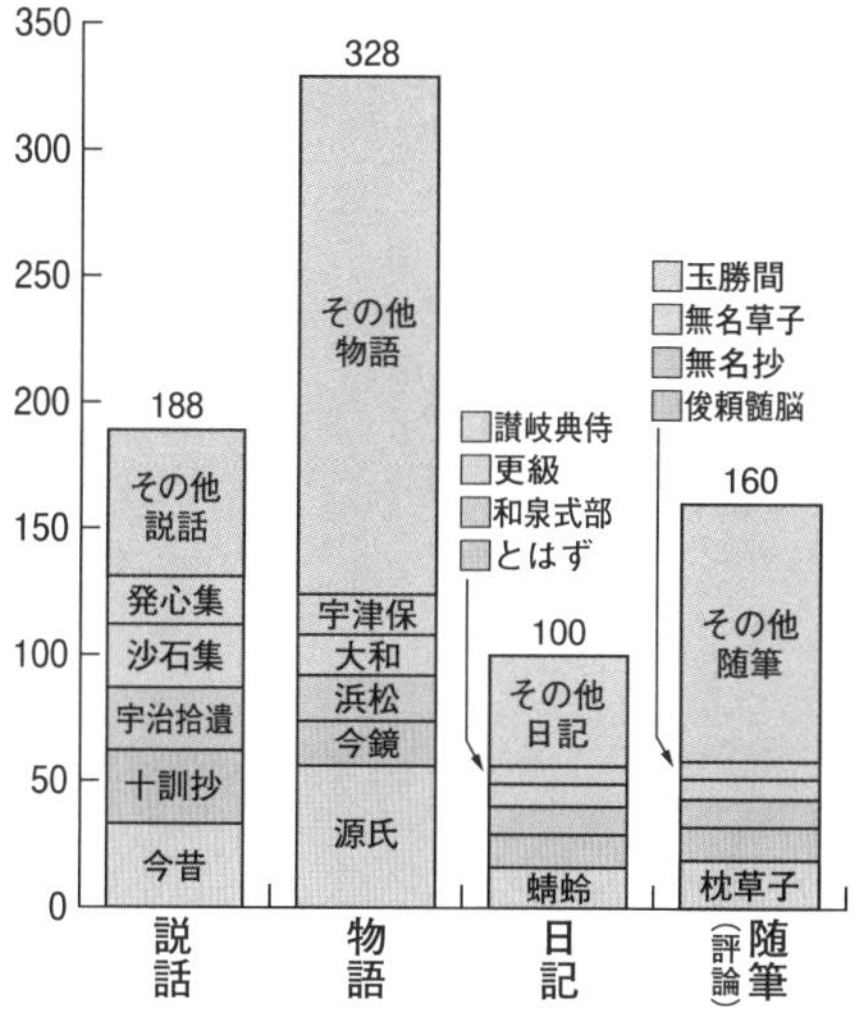

▲ジャンル別作品出題回数（TOP 5はグラフ表示）

◆補足説明

＊1…本書5頁の表における「偏差値61以上」の旧七帝大・上位国公立大・難関私大・有名私大。共通テスト（センター試験）は約30年分を分析。

＊2…古文の出題がない学部や、同大学における複数学部共通問題の重複分を除いた正味の問題数。問題文として出題されている一つの出典を「1題」として集計。

＊3…説話・物語・日記・随筆（評論）の主要作品について出題回数を集計。この4ジャンルの主要作品に含まれないものはすべて「その他の作品」として計上（上図では非表示）。

＊4…文法は、助動詞28語・助詞56語それぞれについて、用いられている意味や用法ごとに出題数を集計。語の識別や敬語についても出現数を集計。単語は「語義別」にそれぞれ出現数を集計。

3 レベル③の特徴

【こんな人に最適】

❶「共通テスト〔古文〕の読解法」をゼロから最短距離でマスターしたい人
❷共通テスト〔古文〕で「7割以上」得点したい人
❸中堅私大・国公立大合格を目指す人

▼レベル③の位置付け

レベル①は**古典文法**を主とした基礎演習を、レベル②は**古文の読解法**[※1]を身につけるための基礎演習を徹底的に行ないました。このレベル③では、**共通テスト対策**を念頭に、いよいよ本格的な入試問題演習を行ないます。古文は、具体的にどのような手順で読解すればいいのか。古文の入試ではどのような情趣や教養（古文常識）が問われるのか。そういった根幹の部分に向き合いながら、古文の読解力を一気に高めていきます。

▼レベル③で身につく力

共通テストは年々、より深い思考力・読解力を問う形式に変化してきていますので、単なる知識の丸暗記では高得点は望めません。当時の価値観や常識などを踏まえて文脈をとらえる本質的な古文の読解力が必要になってきているのです。本書は、そのような入試傾向に対して真正面から向き合った問題集です。本書を終えれば、共通テストの読解法と読解力がしっかりと固まり、共通テストや中堅私大の過去問を解けるレベルにまで到達することができます。

◆補足説明

※1…**基本的（普遍的）な古文の読解法**をゼロから最短距離で身につけたい人は、レベル②がおすすめです。古代（主に平安時代）における男女交際の仕方、結婚の形態、住居の構造、官位社会、人々の信仰や風習などの「**古文常識**」も同時マスターできます。この「古文常識」が、共通テストで解答を導くために必要になってきます。

●単語・文法も同時増強！

本書の**【全文解釈】**では、文中に出てきた重要な単語や文法をその都度脚注でチェックできるため、読解力と同時に単語力・文法力も高めることができます（☞7頁）。

※重要文法は巻末にも掲載。これだけしっかり覚えておけば、とりあえず大丈夫です。

【志望校レベルと本書のレベル対応表】

難易度	偏差値	志望校レベル 国公立大（例）	志望校レベル 私立大（例）
難	〜67	東京大, 京都大	国際基督教大, 慶應義塾大, 早稲田大
	66〜63	一橋大, 東京外国語大, 国際教養大, 筑波大, 名古屋大, 大阪大, 北海道大, 東北大, 神戸大, 東京都立大, 大阪公立大	上智大, 青山学院大, 明治大, 立教大, 中央大, 同志社大
	62〜60	お茶の水女子大, 横浜国立大, 九州大, 名古屋市立大, 千葉大, 京都府立大, 奈良女子大, 金沢大, 信州大, 広島大, 都留文科大, 横浜市立大, 防衛大	東京理科大, 法政大, 学習院大, 武蔵大, 中京大, 立命館大, 関西大, 成蹊大
	59〜57	茨城大, 埼玉大, 岡山大, 熊本大, 新潟大, 富山大, 静岡大, 滋賀大, 高崎経済大, 長野大, 山形大, 岐阜大, 三重大, 和歌山大, 島根大, 香川大, 佐賀大, 岩手大, 群馬大	津田塾大, 関西学院大, 獨協大, 國學院大, 成城大, 南山大, 武蔵野大, 京都女子大, 駒澤大, 専修大, 東洋大, 日本女子大
	56〜55	共通テスト, 広島市立大, 宇都宮大, 山口大, 徳島大, 愛媛大, 高知大, 長崎大, 福井大, 新潟県立大, 大分大, 鹿児島大, 福島大, 宮城大, 岡山県立大	玉川大, 東海大, 文教大, 立正大, 西南学院大, 近畿大, 東京女子大, 日本大, 龍谷大, 甲南大
	54〜51	弘前大, 秋田大, 琉球大, 長崎県立大, 名桜大, 青森公立大, 石川県立大, 秋田県立大, 富山県立大	亜細亜大, 大妻女子大, 大正大, 国士舘大, 東京経済大, 名城大, 武庫川女子大, 福岡大, 杏林大, 白鴎大, 京都産業大, 創価大, 帝京大, 神戸学院大, 城西大
	50〜	北見工業大, 室蘭工業大, 職業能力開発総合大, 釧路公立大, 公立はこだて未来大, 水産大	大東文化大, 追手門学院大, 関東学院大, 桃山学院大, 九州産業大, 拓殖大, 摂南大, 沖縄国際大, 札幌大, 共立女子短大, 大妻女子短大
易	-	一般公立高校（中学レベル）	一般私立高校（中学〜高校入門レベル）

本書のレベル（目安）：①文法編　②初級編　③標準編　④中級編　⑤上級編　⑥最上級編

※東進主催「共通テスト本番レベル模試」の受験者（志望校合格者）得点データをもとに算出した、主に文系学部（前期）の平均偏差値（目安）です。

●志望校別の使用例

▼古文が苦手な人…必ずレベル①で文法を固め、②で読解法の基礎・基本を固めましょう。その後は、各自の目標とする志望校レベルに応じて、レベルアップしていきましょう。

▼「古文は共通テストだけ」の人…文法知識があやふやであれば、レベル①〜③を学習し、後は過去問や実戦問題に取り組みましょう。文法はほぼ完璧という人は、②・③だけでも結構です。

▼第一志望が「明青立法中／関関同立」などの有名私大の人…古文を基礎から始めて高得点を取りたい人は、①〜⑤までやり切りましょう。基礎が固まっている人は、③〜⑤を学習しましょう。

▼第一志望が「旧七帝大」などの国公立大の人…共通テストから二次試験の記述・論述まで対策するため、レベル③〜⑥をやりましょう。時間がない人は、③と⑥だけやり、後は過去問を徹底しましょう。

❹本書の使い方

本書の使い方は極めてシンプル。左図の番号（①〜⑥）どおりに、問題を解いて、解説を読んでいくだけです。問題文は第1回から第10回まで、全10問あります。一流ナレーターによる問題文の「**朗読音声**（↙🔊）」も付いていますので、**音声を聴きながら【全文解釈】を見る**だけでも、古文の内容がその情趣と共に理解できるでしょう。古文の**音読**も読解力の向上に有効です。

① 問題文

過去の入試問題（センター試験）で出題された良問を、共通テスト形式に刷新して作成しています（＊1）。

問題編の最初にある「共通テストの古文読解マニュアル」どおりに読んでいきましょう。

② 設問文

問題文直後にある設問と選択肢は、「読解のヒント」の宝庫です。問題文を読み始める前に、必ずザッと目を通しましょう。

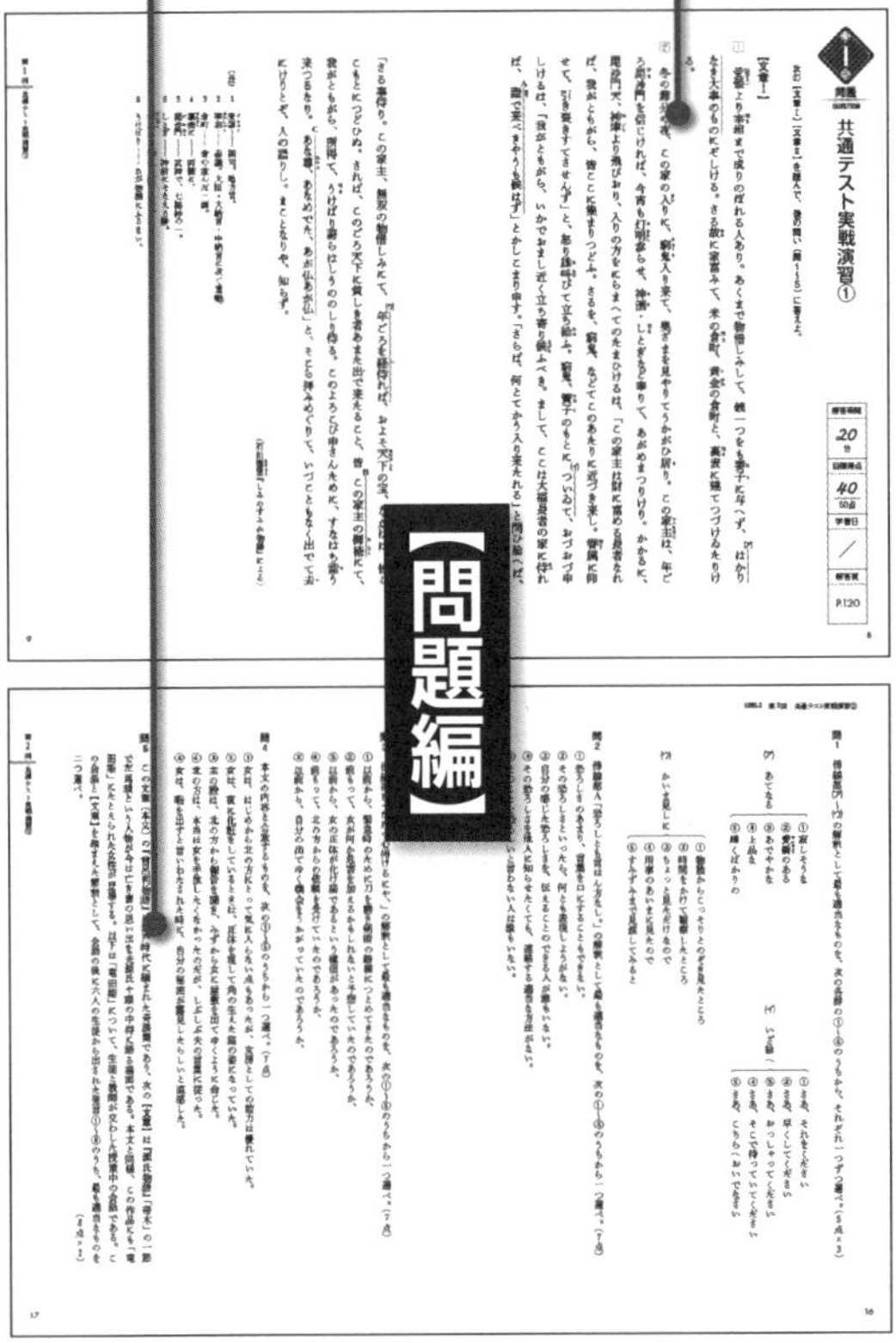

●入試問題は「初見」の文

3頁にあるグラフが示すとおり、古文も英語や現代文と同様、基本的に「**読んだことのない文章**」が出題されます。特に、数十万人の受験生が受ける共通テストでは、公平を期すためにその傾向が顕著になります。この『古文レベル別問題集』で段階的に多数の問題を解き、初めて見る古文に対する読解力を向上させましょう。

◆補足説明

＊1…問題文は基本的に過去の大学入試問題（センター試験）から引用していますが、都合により一部改変している場合があります。

❸ 読解のポイント

各回のテーマ（＝共通テストに出題されやすいテーマ）について、その読解のポイントを明記。最後には〈あらすじ〉も掲載しました。

❹ 登場人物

問題文に登場した人物を整理。人物の言動や、敬語の有無（＝主語補足のヒント）についてもまとめています。

❺ 全文解釈

問題文をスペースで区切りながら単語分けし、読解において重要な語を色で区別（次頁参照）。各語の品詞・活用の種類・活用形・意味・用法などを詳細に明示し、現代語訳は問題文の左側に併記（＊2）しました。

また、登場人物は青枠で囲み、省略された主語・目的語は青文字で明記。「すべて」の情報を同時に見やすく掲載できるよう工夫しました。

【解説編】
赤文字は赤シートで隠して学習できます。

朗読音声

QRコードをスマホのカメラで読み取ると、一流ナレーター（加賀美幸子さん〔＊4〕）による問題文の朗読音声が再生されます。

脚注

問題文に出てきた重要語（＊3）を掲載。重要文法や主語の補足理由などについても、黒丸数字（❶～❾）で解説しています。

❻ 解答・解説

問題文のどこに解答の根拠があり、どのように考えて解答を導けばよいのかを論理的に解説。「ビジュアル」に理解できるよう、イラストも充実させました。

＊2…現代語訳は、赤文字で記し、対応する古文とできる限り位置をそろえています。赤シートで隠して、古文の現代語訳を頭の中で考えながら読んでいくという学習方法も有効です。

＊3…単語は星の数が多いほど頻出度が高いという意味です。

★★★ ＝最頻出
★★ ＝頻出
★ ＝標準
★無し＝非頻出

※頻出度は高くないものの、問題文の理解や解答に必要な語であれば、重要語（非頻出）として脚注に掲載しました。また、**同じ語義の重要語は2回目以降は省略**（別の語義であれば掲載）しています。

＊4 加賀《かが》美《み》幸子《さちこ》…元NHKエグゼクティブアナウンサー。NPO日本朗読文化協会名誉会長。NHKラジオ〈古典講読〉〈漢詩をよむ〉などを担当。日本屈指の古典朗読の名人。

【全文解釈】で使用する記号・略号

●活用形
未然形→［未］
連用形→［用］
終止形→［終］
連体形→［体］
已然形→［已］
命令形→［命］

●動詞 ＊1
四段活用動詞　→四
上一段活用動詞　→上一
上二段活用動詞　→上二
下一段活用動詞　→下一
下二段活用動詞　→下二
カ行変格活用動詞→カ変
サ行変格活用動詞→サ変
ナ行変格活用動詞→ナ変
ラ行変格活用動詞→ラ変

●形容詞
形容詞ク活用　→ク
形容詞シク活用　→シク

●形容動詞
形容動詞ナリ活用→ナリ
形容動詞タリ活用→タリ

●助動詞の意味 ＊2
打消推量→打推
打消意志→打意
不適当　→不適
反実仮想→反実
ためらい→ため
実現不可能な希望→希望
過去推量→過推
過去の原因推量→過因
過去の婉曲→過婉
過去の伝聞→過伝
現在推量→現推
原因推量→原推
打消推量→打推
打消意志→打意
不可能　→不可
打消当然→打当

●助詞
格助詞　→格助
接続助詞→接助
係助詞　→係助
副助詞　→副助
終助詞　→終助
間投助詞→間助

●助詞の用法 ＊3
使役の対象→《使対》
動作の共同者→《動共》
方法・手段→《方法》
単純な接続→《単接》
逆接の確定条件→《逆接》
逆接の仮定条件→《仮定》
順接の仮定条件→《仮定》
原因・理由→《原因》
反復・継続→《反復》
打消接続　→《打接》
希望の最小→《希小》
他への願望→《他願》
自己の願望→《自願》
詠嘆願望　→《詠願》

●その他の品詞
名詞・代名詞→無表記 ＊4
副詞　→副
連体詞→連体
接続詞→接続 ＊5
感動詞→感動
連語　→連語
接頭語→接頭
接尾語→接尾

●語の色分け ＊6
＝重要語（→訳は太字）
＝助動詞
＝接続助詞
＝尊敬語
＝謙譲語
＝丁寧語
※その他は無色

●その他の記号
□＝登場人物（A～E）
⬇＝**主語同一用法**があてはまる接続助詞
♻＝**主語転換用法**があてはまる接続助詞
▶＝重要な主語（や目的語）が省略されている箇所（補足する人物は左側に青文字で表示）
❶～❾＝**重要文法**や**主語・目的語の補足方法**に関する解説
＝設問で**解釈**を問われている現代語訳部分

◆補足説明

＊1…基本的に、単語を表すときは「みる【見る】」のように平仮名と【漢字】を併記する。【　】は**漢字表記**の意。

＊2…助動詞の意味は2字表示。3字以上の意味は上記のように省略。なお、助動詞は「推量［未］」のように「意味と活用形」を併記している。

＊3…助詞の用法は2～3字で《　》内に表示。4字以上の用法は上記のように省略。

＊4…名詞・代名詞の品詞名は無表記としている。

＊5…接続助詞は「接助」、接続詞は「接続」と表記しているので区別に注意。

＊6…基本的に読解において重要な語だけに色を付けている。の重要語は、**同じ単語で同じ語義**の場合、2回目以降は原則省略してある。接続助詞は、**複数の用法があるもの**のみ左側に《　》で用法を表示。敬語は**補助動詞**の場合のみ左側に《補》と表示（本動詞の場合は表示無し）。

【解説編】目次

第1回

解説
EXPLANATION

共通テスト実戦演習①
異なるジャンルの作品を比較する問題に強くなる

語数
297語
得点
/50点
問題編
P.8
古文音声

❶ 読解のポイント

【文章Ⅰ】の『しみのすみか物語』は江戸時代の笑話集、【文章Ⅱ】の『発心集』は鎌倉初期の仏教説話集です。【文章Ⅰ】の「窮鬼」、【文章Ⅱ】の「貧報の冠者」は、共に**貧乏神**のことです。二つの作品で貧乏神の扱いが全く異なっている点が面白いですね。共通テストでは、**異なるジャンルの二つの作品を比較して共通点や相違点を考察する問題**が出される傾向があります。ただ、通常通りしっかりと読解をすることができれば、正解を導くことができます。

〈あらすじ〉
【文章Ⅰ】守銭奴の主人のところに窮鬼（貧乏神）がやってきた。主人が信仰する毘沙門天が窮鬼をしかりつけると、窮鬼は「ありがたいことに主人がけちであるために世間には貧乏人が増えています。そのお礼を申しに参りました」と答えたとさ。
【文章Ⅱ】運気を変えようと旅立つ貧しい僧がいた。夢の中に貧報の冠者（貧乏神）が出てきて「ずっとお供をさせていただきます」と言う。自らの宿世を悟り、旅に出るのを断念したという仏教説話。

❷ 登場人物

【文章Ⅰ】

A **受領より宰相まで成りのぼれる人（家主）**…富豪であるが、非常にけち。日ごろ毘沙門を信仰する。

B **窮鬼**…いわゆる貧乏神。Aにお礼を言いにやってきた。

C **毘沙門**…Aの守護神。眷属《けんぞく》を率いてAの邸に鎮座する。毘沙門の言動は**尊敬語**で表されている。毘沙門は会話文で（相手に）**丁寧語**（候ふ）を使っていないが、貧乏神は（相手に）丁寧語で話していることに注意。【文章Ⅱ】のD・Eも同様。

【文章Ⅱ】

D **わりなく貧しき僧**…貧乏な生活から抜け出せないでいる。自らの前世からの因縁を試すため、住む場所を変えようと思ったが、自らの宿世を悟り、あきらめて三井寺で修行を続ける。

E **わびしげなる冠者**…いわゆる貧乏神。Dの夢の中に現れて、絶対離れず、付きまとう意志をDに告げる。

3 全文解釈【文章Ⅰ】

（重要語／助動詞／接続助詞／尊敬語／謙譲語／丁寧語）

1

受領より宰相まで成りのぼれる人あり。あくまで物惜しみして、銭一つをも妻子に与へず、(ア)はかりなき大事のものにぞしける。さる故に家富みて、米の倉町、黄金の倉町と、裏表に建てつづけゐたりける。

国司から宰相にまで成り上がった人がいる。（Aは）とことん物惜しみをして、銭の一切をも妻子に与えず、（銭を）**この上もないほど大切な**ものに扱った。**そういう**わけで家が富み栄えて、米の倉町、黄金の倉町と、（家の）両側に（倉庫を）建て続けていたのであった。

2

冬の節分の夜、この家の入りに、窮鬼入り来て、奥ざまを見やりてうかがひ居り。この家主は、年ごろ毘沙門を信じければ、今宵も灯明参らせ、神酒・しとぎなど奉りて、あがめまつりけり。かかるに、毘沙門天、神庫より飛びおり、入りの方をにらまへてのたまひけるは、「この家主は財に富める長者なれば、我がともがら、皆ここに集まりつどふ。さるを、窮鬼、などてこの

冬の節分の夜、この家の入口から、窮鬼が入ってきて、（部屋の）奥の方を見て（中の様子を）伺っている。この家主は、**長年**毘沙門を信仰していたので、この夜も灯明を差し上げ、お神酒や神へのお餅などを**差し上げて**、崇め申し上げていた。こんなときに、毘沙門天が、神棚から飛び降り、入口の方をにらんでおっしゃったことには、「ここの家主は富み栄えている大金持ちなので、私の**仲間**が、皆ここに集まり寄り合っている。しかし、窮鬼よ、どうしてこの

単語・文法・解説

□はかりなし【計り無し・量り無し】形ク
①この上ない・はかり知れない

□だいじ【大事】名
①重要な事件・大切な事柄　②出家

★★★
□さる～【然る】連体
①そういう～　②しかるべき～・立派な～

★★★
□としごろ【年頃】名
①長年　②数年の間

□ともがら【輩・徒】名
①仲間・同輩

あたりに近づき来し。眷属に仰せて、引き裂きすてさせ❶んず」と、怒り雄叫び

近くに近づいてきたのか。私の配下に命じて、引き裂いて捨てさせてやろう」と、怒り雄叫びをし

て立ち給ふ。B窮鬼、簀子のもとに(イ)ついゐて、おづおづ申しけるは、「我がとも

てお立ちになる。窮鬼が、簀子のもとにかしこまって座って、(Cに)恐る恐る申し上げたことには、「私の仲間

がら、いかでおまし近く立ち寄り❷候ふ❸べき。まして、ここは大福長者の家に

が、どうしてあなた様に近寄ることができましょうか。ましてや、ここは大金持ちの家であり

❷侍れば、A詣で来べきやうも❷候はず」とかしこまり申す。「さらば、何とてかう

ますので、(貧乏神の私が)参上できるわけもございません」と恐れ慎んで申し上げる。(Cが)「ならば、どうしてこのよう

入り来たれる」と問ひ給へば、「さる事❷侍り。この家主A、無双の物惜しみに

に入って来たのか」と尋ねなさったところ、(Bは)「ある事情があります。ここの主人は、二つとないような物惜しみであっ

て、(ウ)年ごろを経❷侍れば、およそ天下の宝、なかばは、皆ここもとにつどひぬ。

て、何年もの間を過ごしましたので、だいたいの世間の財宝は、大方は、すべてここに集まった。

されば、このごろ天下に貧しき者あまた出で来たること、皆Bこの家主Aの御

なので、近頃世間に貧しい者がたくさん出てきたことは、すべてこの家主のおか

徳にて、我がともがら、所得て、うけばり誇らはしうののしり❷侍る。このよろこ

げであって、(貧乏神の)私の仲間は、得意になって、我が物顔で振る舞い誇らしげに大声で騒いでおります。このお礼

び申さんために、すなはち詣う来つるなり。Cあな尊、あなめでた、あが仏あ

を申し上げるために、すぐに参上したのです。ああ気高い、ああすばらしい、私の仏様私

□★★ **ついゐ《イ》る**【突い居る】動ワ上一
①膝をついて座る・かしこまって座る

□★★★ **いかで**【如何で】副
①なんとかして〈↔願望〉
②どうして〈↔推量〉

□★★★ **としごろ**【年頃】名
①長年 ②数年の間

□★★★ **あまた**【数多】副
①たいして〈↔打消〉②たくさん

□ **ところう**【所得】動ア下二
①良い地位を得る
②得意になる

□★★★ **ののしる**【罵る】動ラ四
①大声で騒ぐ ②評判になる

□★ **よろこび**【喜び】名
①お礼 ②昇進

□★★★ **すなは《ワ》ち**【即ち・則ち】副
①すぐに ②そこで

□★★ **めでたし**【愛でたし】形ク
①すばらしい

□★★ **いぬ**【往ぬ・去ぬ】動ナ変
①去る・(時が)過ぎ去る ②死ぬ

❶…「んず」は推量の助動詞「むず」と同じ。推量・意志・仮定・婉曲・適当・勧誘の意味をもつ多義語であるが、意味の

が 格助 仏」と 格助、そこら 副 拝み 四[用] めぐり 四[用] て、 いづこともなく 連語 出で 下二[用] て 接助 去に ナ変[用] けり 過去[終] と 格助 ぞ、係助 人 の 格助

の仏様」と、たいそう拝み回って、どこというあてもなく出て**去った**ということだと、人が

語り 四[用] し 過去[体]。まこと なり 断定[終] や 係助《疑問》、知ら 四[未] ず 打消[終]。

語ったことです。事実であろうか、（詳しくは）知らない。

判別法は「む」に準ずる。ここでは、主語が毘沙門の**一人称**（私）なので、**意志**の意味。

❷…毘沙門は会話で（会話文中で）丁寧語（**侍り**・**候ふ**）を使っていないが、窮鬼（貧乏神）は会話で**丁寧語を使っている**ことに注意。〈以下同〉

❸…「べし」の上方に「**いかで**」などの**疑問・反語**表現がある場合、「べし」は**推量**か**可能**の意味になる。

❹全文解釈【文章Ⅱ】

（重要語／助動詞／接続助詞／尊敬語／謙譲語／丁寧語）

中ごろ、三井寺にわりなく貧しき僧ありけり。念じわびて思ふやう、「かく所縁のなきなめり❶《撥音便》。かくしも思ふ事の違ふべきかは❷《反語》。我外へ行きて、宿世をも試みん」と思ひて、昼などは旅すがたもあやしければ《原因》、暁出で立つほどに、「夜ふかく起き、道の程もわづらはしかるべし」とて、しばしよりふしたる夢に、色あをみ、痩せおと（ろ）へたるわびしげなる冠者、我と同じ様にわらぐつはきなど用意し、いみじう出でたつあり。さきざきも見えぬ物なれば《原因》、あやしくて、「おのれは何者ぞ」と問ふ。「年来候ふものなり。いつも離れ奉ら《補》ぬ身なれば《原因》、御伴申し候《補》はんとて出で立ち侍る《補》」と云ふ。僧の云ふやう、「さる物

その昔、三井寺につらいほど貧しい僧がいたという。（Dは）我慢しかねて思うことには、「（私には）このようにゆかりがないようだ。こんなにも思うことと違うことがあるのだろうか、いやないだろう。私はよそに行って、前世からの因縁を試そう」と思って、昼間などは旅姿も（目立ち）みすぼらしく思われるので、夜明け前に出立する頃に、「夜更けに起きると、道中苦しくなるだろう」と思って、（Dが）しばらく横になって見た夢に、顔色の悪い、痩せ衰えているみすぼらしい様子の若者で、自分と同じようにわらぐつを履いたりなどの準備をして、はなはだしく出立する者がいる。（DはEが）前々から見かけない者なので、不思議に感じて、「お前は何者だ」と尋ねる。（Eは）「長年（Dに）お仕えしている者です。いつもお離れ申し上げない身なので、（Dに）お供申し上げようと思って出立するのです」と言う。僧が言うことには、「そういう者

単語・文法・解説

□わりなし【理無し】形ク
①道理に合わない ②つらい・苦しい

□ねんじわぶ【念じ侘ぶ】動バ上二
①我慢しかねる

□すくせ【宿世】名
①前世（からの因縁）

□あやし【賤し・怪し】形シク
①みすぼらしい ②不思議だ ③身分が低い

□いみじ【忌みじ】形シク
①非常に・はなはだしい ②すばらしい ③恐ろしい

□ただ【唯・只・直】副
①ひたすら・単に・ほんの ②まるで〈↔ごとし〉 ③直接・じかに・すぐに

□つたなし【拙し】形ク
①運が悪い ②未熟だ

❶…「なめり」は断定の助動詞「なり」の連体形「なる」が撥音便化して「なん」になり、撥音便が消去した「な」に推定の助動詞「めり」が接続したもの。「～であるようだ」と訳

やはある。名をば何と云ふぞ」と問へば、「人々しき身ならねば、異名侍り。

❷がいるだろうか、いやいない。名前を何というのか」と尋ねると、（Eは❸）「一人前の身の上ではないので、あだ名があります。

ただうち見る人は、貧報の冠者となむ申し侍る」といふと見て、夢さめぬれ

直接見る人は、（私のことを）貧乏神だと申しております」という夢を見て、夢から覚めた

ば、即ち身のつたなき宿世を知り、「いづくへ行くともこの冠者がそひたら

ので、すぐに自身は**運が悪い前世からの因縁**を知り、「どこに行くにしてもこの若者が寄り添っているのでは（貧乏のま

んには」と思ひて、外心改めて、あやしながら本の寺にぞ住みける。

まだろう）」と思って、他念を改めて、**みすぼらしい様子**でありながらも元の三井寺に住んだということだ。

す。

❷…「やは・かは・やも」は一語の係助詞とする。反語の意になることがほとんど。

❸…貧しい僧・貧乏神の立ち位置の違いを整理しながら主語や目的語を補足し読解する。

◆5 解答・解説

問1 〔答〕 (ア)② この上もないほど大切なもの (イ)④ かしこまって座って (ウ)③ 何年もの間を過ごしましたので)

問1は、傍線部の解釈を選択肢から選ぶ問題。このような問題では、単語の語義と文法知識（助詞の用法や助動詞の意味など）で選択肢を絞り込んでいく「消去法」が有効である。

(ア)は、次のように単語分けされる。

はかりなき〔ク[体]〕／**大事**〔名〕／**の**〔格助〕／**もの**〔名〕

「はかりなし【計り無し・量り無し】」は、「際限がない・はかり知れない」という意味。「大事」は「重大な事件・重要な事柄」という意味。したがって、(ア)は「際限がないほど重要なもの」といった訳になる。

選択肢③「思いもよらないほど」、④「細心の注意をもって扱う」、⑤「人をだますことのない」は、「はかりなし」の語義から考えて不自然。また、①「たくさんあるもの」も「大事」の語義にそぐわない。(ア)の前文に「あくまで物惜しみして、銭一つをも妻子に与へず、」と、主人が「銭」を「**この上もないほど大切なもの**」としていたと解釈できる。よって、正解は②である。

(イ)は、次のように単語分けされる。

ついゐ〔上二[用]〕／**て**〔接助〈単接〉〕

「ついゐる【つい居る】」は、「かしこまって座る」などと訳す。毘沙門天から恫喝された後の窮鬼のリアクションであることと「ついゐる」の語義に注目すると、正解は④である。

(ウ)は、次のように単語分けされる。

年ごろ〔名〕／**を**〔格助〕／**経**〔下二[用]〕／**侍れ**〔ラ変[已]〕／**ば**〔接助〈原因〉〕

「年ごろ【年頃】」は「長年・数年の間」の意味。「ば」は接続助詞で、「已然形＋ば、」の形なので「原因・理由（…ので）」を表す用法である。

選択肢を見ると、①〜⑤のすべてが「…ので」で終わっているため、解答の選別とは無関係。一方、「年ごろ」の語義に着目すると、「長年・数年の間」の意味を反映しているのは③の「何年もの間」のみ。よって、正解は③である。

問2（答 ③ **参上できるわけもございません。**）

傍線部Aは、次のように単語分けされる。

詣で（下二[用]）／**来**（カ変[終]）／**べき**（可能[体]）／**やう**（名）／**も**（係助）／**候は**（四段[未]）／**ず**（打消[終]）

「まうづ**【詣づ】**」は、「参上する・参詣する」と訳す謙譲語。ここでは寺社ではなく「大福長者（＝家主）の家」に「詣で」来るという場面なので、「参詣する」ではなく「**参上する**」の意味で取る。「べき」は、**可能**の助動詞「べし」の連体形。

なぜ? 助動詞「べし」は、推量・当然・可能・意志・命令・適当など多くの意味があり判別が難しいが、「べし」の上に「**いかで**」などの「疑問・反語」を表す語があれば、「べし」の意味は**推量**か**可能**になる場合が多い。文脈上、「どうして…なの**だろう**（推量）」や「どうして…**できる**のか（可能）」といった内容になるのが自然なためである。どちらの意味で取るかは文脈で決める。

前文「**いかで**おまし近く立ち寄り候ふ**べき**」の「**べき**」は推量ではなく**可能**で取り、「どうしてこの御座所近くに立ち寄ることが**できましょう**か、いや、**できません**」と訳すのが自然。よって、文脈上、Aの「べき」も**可能**の意味で取るのが最も自然である。

「やう」は「様子・方法・理由・わけ」などの意味を表す多義語。「さうらふ**【候ふ】**」は「あります・おります・ございます」と訳す丁寧語（→119頁）。打消の助動詞「ず」が下に付いて「ありません・ございません」といった意味になる。これらをふまえて選択肢を考える。

①＝×…「お参り」が誤訳（ひっかけ）。
②＝×…「退出する」が明らかに誤訳。
③＝○…「参上」「できる」「わけ」のすべてが内容に合う。
④＝×…「お参り」が誤訳（ひっかけ）。
⑤＝×…「べき」を「しなければならない」と当然の意味で訳している点が不自然で、「用事」も不適当。

選択肢の文末はすべて「ございません」なので「候はず」では選別できないが、「詣で」「べき」「やう」の意味で選択肢を絞ることができる。よって、正解は③である。

「偉い人の所へ参上する」

「寺社に参詣する」

問3（答 ① けちで人々に富を分け与えず、一人じめしたこと。）

傍線部Bは、次のように単語分けされる。

代	格助	名	格助	名
こ	／の	／家主	／の	／御徳

「御徳《みとく》」は「おかげ」という意味。何が「この家主のおかげ」なのかというと、窮鬼が「この家主、無双の物惜しみにて、年ごろを経侍れば、およそ天下の宝、なかばは、皆こともとにつどひぬ。されば、このごろ天下に貧しき者あまた出で来たること、皆この家主の御徳にて、」と話している。

家主が貪欲なおかげで、世間にあまたの貧乏人が生じ、その結果、貧乏神たちが我が物顔に振る舞うことができると話しているという流れから選択肢を絞っていくと、正解は①である。

問4（答 ④ 窮鬼の、家主に対する感謝。）

傍線部Cの直前を見ると、「皆この家主の御徳にて、わがともがら、所得て、うけばり誇らはしうののしり侍る。このよろこび申さんために、すなはち詣《ま》う来つるなり。」とある。「家主のおかげで、窮鬼らが我が物顔で振る舞えている。そのお礼を言いに来た」という訳になるため、正解は④である。

問5（答 ④・⑥）

二つの文章を比較した説明として正しいものを選ぶ内容一致問題。選択肢の文章がすべて内容に合致しているか、一つ一つ検証する。

①＝×…「【文章Ⅰ】の家主は妻子への思いやりが深かった

ので裕福になったが」が内容と異なる。家主は妻子に何も与えない冷たい人物として描かれている。

②＝×…「【文章Ⅰ】では貧乏神を面白味をもつ縁起のよいものとして扱っている」が内容と異なる。窮鬼は縁起のよいものと書かれてはいない。

③＝×…「【文章Ⅰ】は努力を怠りながらも裕福で幸せな生活を送る人物」とあるが、文中に「努力を怠りながら」というような記載はない。

④＝○…【文章Ⅰ】の説明も【文章Ⅱ】の説明も、この本文の内容と一致している。

⑤＝×…「【文章Ⅰ】が貧乏神のおかげで裕福になったという笑話」というのは内容と異なる。

⑥＝○…【文章Ⅰ】の説明も【文章Ⅱ】の説明も、この本文の内容と一致している。

よって、正解は④と⑥。

❻作品紹介

【文章Ⅰ】の『しみのすみか物語』は、国学者で狂歌師でもある石川雅望の書いた江戸時代の笑話集。旅人たちから聞いた不思議な噂や逸話などが収録されています。作品名『しみのすみか』とは、雅望が書いたものを放っておいたら、紙魚《しみ》が住処にしていたことから付けられたとのこと。紙魚は、本の糊付けされた表紙や掛け軸を好物とする小さな害虫のこと。体型が魚に似ていて、紙を食べることから「紙魚」とよばれるようになったそうです。そんな生き物を題名にしていることからも、滑稽味が感じられますね。

【文章Ⅱ】の『発心集』は、鎌倉初期の仏教説話集で、編者は随筆『方丈記』で有名な**鴨長明**です。未練や執着などの恐ろしさについて書かれているお話が多いことが特徴的です。仏の教えを人々にわかりやすく伝えるために編まれた物だと考えるとよいですね。教訓を掴みとる意識で読みましょう。

第2回

解説
EXPLANATION

共通テスト実戦演習②
独特なたとえについての認識を深める

❶読解のポイント

平城京では、東西南北の山には女神がいると信仰されており、例えば、春の霞は佐保山の佐保姫が織りなし、秋の紅葉《こうよう》は竜田山の竜田姫が染め上げているとされていました。このような古代の信仰を、当時の人々は「たとえ」として用いることがあります。古文の独特なたとえについても、柔軟に考察し、対応できるようになりましょう。

〈あらすじ〉
【本文】どこからともなく現れた女は、大変上品で、何をさせても器用であった。特に縫物や色染めの技術は、織姫や竜田姫に形容されるほどすばらしかった。しかし化け物であることが露見し、退治されてしまう。その正体はネコの化け物で、のちにその特徴から「竜田姫」と呼ばれるようになった。
【文章】左馬頭が、今は亡き妻のことを「どんな相談にも真剣に応えてくれる女性で、色染めの技術は竜田姫に、裁縫の技術は織姫にも劣らないほどすばらしかった」と懐かしむと、頭中将は「本当に、竜田姫（=亡き妻）の染物の技術には、ほかに及ぶものはないだろう」と同意する。

❷登場人物

A なにがしの娘…成人した姫君。女房たちに囲まれて暮らしている。

B あてなる女…どこからともなくやってきた女。正体は年老いたネコが姿を変えた化け物であった。色染めや裁縫にすぐれていたことから、のちに「竜田姫」とよばれる。

C 北の方…Aの母親。Bの異様な姿を見つけ、Dに報告する。Bを解雇しようとする。夫であるDの言動は尊敬語で表している。

D 夫…北の方の夫。「男」「主の殿」も同一人物。CからBの正体を告げられ、退治する。

語数
382語
得点
/50点
問題編
P.14
古文音声

3 全文解釈

（重要語／助動詞／接続助詞／尊敬語／謙譲語／丁寧語）

1

A なにがしの娘、成人するままに、女房たちあまた付け侍る。ここに、いづくと

だれそれの娘が、成人するとすぐに、女房たちをたくさん付けておりました。このご邸に、どこからと

もなく、いと(ア)B あてなる女、一人たたずみて、宮仕への望み侍る由言ひければ、

もなく、**大変上品な**女が、一人**じっと立って**、宮仕えの望みがありますということを言ったところ、

「幸ひ、御内にこそ、御身のやうなる人を尋ね侍るなれ。(イ)いざ給へ。」C 北の御方

（女房が❶）「幸い、ご邸宅の内では、あなた様のような人を求めているようです。**さあ、こちらへおいでなさい**。」奥方様

にかくと申さんとて、言ひければ、すなはち留めて置かれけり。かの宮仕

に**このように**申し上げようと言って、（Cに）伝えたところ、（Cは）すぐに（Aを）留めておかれた。（Bの）この宮仕え

への、心に入りたることはさて置き、絵描き、花結び、手跡美しく、縫ひ物など

が、（Cの）心に印象づけられていることは**それはそれとして**、絵を書き、飾り結び、筆跡も美しく、裁縫など

は織女の手にも劣るまじく、物の色合ひなど染め出だせることは、竜田姫

は七夕の織姫の技にも劣らないであろうほどで、（特に）染め物の色合いなどを染め出している技術は、（あの）竜田姫

も恥ぢぬべきほどなり。

もきっと恥ずかしくなってしまうくらいであった。

2

ある時、C 北の方、女の部屋を(ウ)かいま見しに、夜いたく更けて灯火かすかな

あるとき、北の方が、女の部屋を物陰からこっそりと**のぞき見た**ところ、夜が**ひどく**更けて灯火がかすかで

単語・文法・解説

- **いと** 副〈以下省略〉 ①たいして・それほど〈↓打消〉 ②大変・非常に
- **あてなり**【貴なり】形動ナリ ①高貴だ ②上品だ
- **たたずむ**【佇む】動マ四 ①歩き回る・ぶらつく ②じっと立っている
- **いざ** 感 ①さあ〈↓意志・勧誘・命令〉
- **かく**【斯く】副 ①このように
- **さておきて**【然て置きて】連語 ①それはそれとして ※ここでは「て」が省略されている。
- **かいまみる**【垣間見る】動マ上一 ①（男性が女性を）のぞき見る
- **いたく**【甚く】副 ①ひどく・はなはだしく ②たいして・それほど〈↓打消〉

❶…貴族の邸宅にやってきた女に応対するのは、部屋の奥にいる「なにがしの娘」ではなく、そこに仕える女房の一人であると考えるのが常識。

るに、おのれがくびを取りて、前なる鏡台にかけ置きて、鉄漿をつけ、化粧じて、またわが身に継ぎて、さらぬ体にてぞゐたりける。恐ろしとも言はん方なし。

あるが、（Bは）自分の首を手に取って、前にある鏡台に掛け置いて、お歯黒を（歯に）つけ、化粧をして、（首を）再び自分の身体につないで、**なんでもない**様子をしていたのだった。その恐ろしさといったら、**言いようがない**。

さて、主の殿に、「かかること侍るをば、いかが計らひ給ふぞ」と言へば、「まづ何となく暇を出だせ」と言ふほどに、女を近づけ、「近ごろ言ひかね侍れども、人多く侍れば、『一人も二人も暇を出だせ』とのたまふ間、そなたのやうなる重宝の人はましまさぬほどに、いつまでもと思へども、いづれも譜代の者にて、暇出だされぬ者どもなれば、まづまづいづ方へも出でられ候へ。そのうへ、夫の命背きがたく侍れば、重ねて娘嫁入りの折節は迎へ侍らん」と

そこで、（Cは）主人の殿様に、「このようなことがありますのを、**どのように**なさいますか」と言うと、（Dは）「はじめにそれとなく休暇を出しなさい」と言うので、❷（Cは）女を側に寄せ、「非常に言いにくいことでありますが、人が多くおりますので、（Dが）『一人でも二人でも休暇を出せ』とおっしゃるので、（CはBに）あなたのような貴重な宝のような人は**いらっしゃら**ないので、❷いつまでもと思うけれども、（他の人は）ずっとお仕えしている者であって、暇を出すことができない者たちなので、**何はともあれ**どこへでも出て行かれなさいませ。そのうえで、主人の命令に背くことは難しくございますので、改めて娘が嫁入りのときには迎えましょう」と

□**さらぬ〜**【然らぬ】連体
①そうでない〜・ほかの〜 ②なんでもない〜

□**いはむ《イワン》かたなし**【言はむ方無し】連語
①言いようがない ②この上ない

□**さて** 副／接
①そのまま ②そこで・さて

□**いかが**【如何】副
①どうして ②どのように

□**まします**【坐します】動サ四
①いらっしゃる ②…て（で）いらっしゃる

□**まづまづ**【先先】副
①ともかくも・何はともあれ

❷…「ほどに」は、名詞「ほど」+格助詞「に」が一語化したものとも考えられ、「…すると…するうちに／…ので・…から」などと訳す。

4

言ふ。
言う。

その時、女B、気色変はりて、「さては、何ぞ御覧じて、かく仰せ候ふやらん」と、そばへ近く居寄れば、「その方は何事を言ふぞ。またやがてこそ呼び侍らめ」と、さりげなくのたまへども、「いやいや、曲もなきことなり」とて、飛びかかりけるところを、男D、（Bかねて心得けるにや、）後ろに立ち添ひけるが、刀を抜き、はたと切る。切られて弱るところを引き直し、心のままに切れば、年経たる猫の、口は耳まで切れて、角生ひたるにてぞおはしける。その名を、竜田姫と言ひ侍るとぞ。

そのとき、女は、様子が変わって、「それでは、何かご覧になって、こうおっしゃるのではないですか」と、（Cの）側近くに膝を寄せるので、（Cは）「あなたは何のことを言うのか。再びすぐに招きましょう」と、さりげなくおっしゃるけれども、（Bは）「いやはや、なんとも情がないことだ」と言って、（Cに）飛びかかったところを、男は、あらかじめ気づいたのであろうか、（Cの）背後に立って見張っていたが、刀を抜き、（Bを）ばっさりと切る。切られて弱るところを（刀を）引き直し、思いのままに切ると、年をとったネコで、口は耳まで裂けて、角を生やしているネコでいらっしゃったのだった。その名を、竜田姫と言いましたとな。

□**けしき【気色】**名
①様子・態度　②機嫌　③兆し

□**やがて【軈て】**副
①すぐに　②そのまま

□**こころう【心得】**動ア下二
①理解する・納得する・気づく
②精通する・心得る
③引き受ける

□はたと 副
①ばしっと・ばっさりと
②急に　③すっかり・まったく

❸…「…**にや**／…**とぞ**」は係り結びが省略された形。これを**結びの省略**という。「にや」の後には「あらむ」、「とぞ」の後には「言ふ」などの言葉を補うこと。

❹…「**体言＋の、**」の下に**連体形**があり、その下に同じ「**体言**」が省略されている場合、「**の**」は格助詞の**同格**。ここでは、「猫の、」の後に存続の助動詞「たり」の**連体形**（**たる**）があることに注目。「たる」の後に体言が省略されている。（➡70頁）

❹ 解答・解説

問1（答）(ア)④ 上品な　(イ)⑤ さあ、こちらへおいでなさい　(ウ)① 物陰からこっそりとのぞき見たところ

(ア)…「あてなり【貴なり】」は、「高貴だ・**上品だ**」と訳す。帝や権力者には用いず、親しみやすい感じを含む高貴さ・上品さ・優美さを表す語。よって、正解は④。

(イ)…「いざ給へ」は、「**さあ、いらっしゃい**」などと訳す重要表現。感動詞「いざ」（訳：さあ）に尊敬の補助動詞「給ふ」（訳：お…になる）の命令形「給へ」が接続し一語化したもの（「給へ」の前には「行く・来・す」などが省略されている）。よって、正解は⑤である。

(ウ)…単語分けすると次のようになる。

かいま見（上二[用]）／し（過去[体]）／に（《単接》）

「かいまみる【垣間見る】」は、「物の透き間（＝かいま【垣間】）からこっそりとのぞき見る」ことを表す。「し」は過去の助動詞「き」の連体形。「に」は、連体形に接続し、下に読点（、）があるので、接続助詞の「に」。ここでは単純な接続の用法で、「…〔する〕と」という意味になる。

なぜ? 接続助詞「を・に・が」は、①**単純な接続**（…〔する〕と）・②**逆接の確定条件**（…だが）・③**順接の確定条件〔原因・理由〕**（…ので）という三つの用法がある。どの用法であるかは、「を・に・が」の前後の文の関係を見て**文脈**で決める。

ここでは、北の方が、「女の部屋をのぞいた→夜がたいそう更けて灯火がかすかであった」という文脈なので、前後の文は「逆接」でも「原因・理由」でもなく、「**単純な接続**」だと判断できる。

よって、正解は①である。なお、今回は「かいま見」の意味だけでも正解が判別できる。

問2（答）② **その恐ろしさといったら、何とも表現しようがない。**

傍線部Aを単語分けすると、次のようになる。

恐ろし（シク[終]）／とも（連語）／言はん方なし（連語）

「とも」は**連語**（格助詞＋係助詞）で「…と（いうこと）も」とそのまま訳す。「…とも言はん方なし」で「…と（いうこと）も言う方法がない」といった直訳になるが、意訳すると「…という言葉では言い表せないほどである」というニュ

アンスになる。慣用表現として覚えておくとよい。

以上をふまえると、傍線部Aは、北の方が「あてなる女」の部屋をのぞき見したところ、女が自分の首を取りはずしているではないか。その恐ろしさは「恐ろしいという言葉では言い表せないほどである」という文脈である。

よって、正解は②である。①も近いが、「言葉を口にすることもできない」わけではないので不適当。

問3（答）② **前もって、女が何か危害を加えるかもしれないと予想していたのであろうか、）**

傍線部Bを単語分けすると、次のようになる。

かねて〔副〕／心得〔下二［用］〕／ける〔過去［体］〕／に〔断定［用］〕／や〔係助〕、

「かねて【予ねて】」は、「前もって・**予め**」と訳す副詞。「こころう【心得】」は、「理解する・**気づく**」などと訳す。「ける」は過去の助動詞「けり」の連体形。連体形に接続する「に＋（係助詞）＋（ラ変動詞）」の「に」は断定の助動詞「なり」の連用形。「や」は疑問を表す係助詞。

直訳すると「前もって悟っていたのだろうか、」といった意味の挿入句になる。前もって何を悟っていたのかは、文脈から判断することになる。

まず、第三段落で、「主の殿」は北の方から女が化け物であるらしいことを聞いている。そして、傍線部Bの前後に注目。「女が北の方に飛びかかったところを、（男は）前もって予想していたのであろうか、（北の方の）**背後に立って見張っていると、**刀を抜き、ばっさりと切る。思いのままに切ったところ、年をとったネコで、口は耳まで裂けて、角を生やしたものだった。」という内容である。

よって、傍線部の意味と文脈をふまえると、正解は②。男は、女が化け物であるとほぼ確信し※1、何かあったらすぐに退治できるように刀を準備して見張っていたということである。女の正体が化けネコだとわかったのは切った後なので、③は不適当である。

※1…（まだ正体を表していない）女が北の方に飛びかかっただけで刀でめった斬りするというのは、女が化け物であることを男が予見・確信していたからにほかならない。そうでなければ、かなり残酷な性格である。

問4（答⑤ 女は、暇を出すと言いわたされた時に、自分の秘密が露見したらしいと直感した。）

内容一致問題である。本文の内容と照らし合わせると、正誤は以下のようになる。

①＝×…「気に入らない点もあった」という部分が本文の内容と異なる。

②＝×…北の方が垣間見したとき、自分の首を取りはずしている女の姿を目撃したが、「角の生えた猫の姿」を見たわけではない。

③＝×…主の殿は北の方に「まづ何となく暇を出だせ」と命じた。「みずから女に屋敷を出てゆくように命じた」わけではない。

④＝×…北の方は女を恐れており、「しぶしぶ夫の言葉に従った」は内容と異なる。

⑤＝○…「暇を出す」とはつまり「使用人などを辞めさせる」ということ。こう言われた女は、「さては、何ぞ御覧じて、かく仰せ候ふやらん」と言い、北の方に襲い掛かる。本文の内容に一致している。

よって、正解は⑤である。

問5（答①・⑥）

【文章】の現代語訳 （左馬頭は）「（亡くなった妻のことを）すべてを任せられる本妻ということなら、あのような人がきっと良かったのだろうと今でも思い出されてなりません。（亡き妻は）つまらない趣味のことでも、本当に大切なことでも相談しがいがあり、（染物の技は）竜田姫といっても不似合いではなく、織姫の技にも劣らないほど裁縫の技も備わっており、立派に仕上げてくれていたのでした」（と言うと、中将は、）「本当に、その竜田姫の錦の染物の技術には、他に及ぶものはないだろう」と言って話を盛り上げたのであった。

本文と【文章】、二つの文の内容に合致する生徒の発言を二つ選ぶ問題。二文の共通点・相違点をとらえることが重要（☞20頁の〈あらすじ〉などを参照）。

なかでも、【文章】の単語に注意。「はかなし【果無し】」（訳：**つまらない**・はかない）、「つきなし【付き無し】」（訳：**ふさわしくない**・無駄だ）、「かひなし【甲斐無し】」（訳：はっきりしない）、「ぐす【具す】」（訳：連れていく／**備わる**）といった重要語の語義を把握していることが必要。特に、「うるさし【煩し】」（訳：わずらわしい・いやみだ／賢い・**立派だ**）や「はやす【囃す】」（訳：はやし立てる／**引き立てる**・賞美する【栄やす・映やす】）は、プラスとマイナス両面の意味をもつので、文脈をしっかりとらえていないと正反対の解釈をしてしまう。「かひなからず」（訳：無駄ではない＝甲斐がある）や「つきなからず」（訳：ふさわしくないことはない＝不似合いではない）、「げに」（訳：なるほど・**本当に**（同調する意を表す））などから、左馬頭や中将は亡き妻を**称賛**していることをおさえること。

①＝○…「竜田姫」が紅葉の神様であるという記載は本文にも【文章】にもないが、そう考えることはできる。

②＝×…【文章】の女性は「裁縫や色染めが苦手らしく」が内容と異なる。

③＝×…「中将はその女性のことを気に入らないと思っているようだけど」が【文章】の内容とは異なる。

④＝×…「本文の女房のように裁縫や色染めが得意ではなかった」「いつも不平不満を口にしている」が内容に合致しない。

⑤＝×…「このように時代が違ってくると、「竜田姫」のたとえられ方も全く異なってくる」が×。本文も【文章】もたとえられ方は同じであると考えられる。

⑥＝○…本文と【文章】の内容と一致する。よって、正解は①と⑥である。

S 作品紹介

本文の出典である『曾呂利物語』は、江戸時代に成立した、妖怪などが登場する話が収録された奇談集です。「竜田姫」とは、奈良県北西部（平城京の西）にある竜田山（龍田山／立田山）にまつられている神様のこと。

竜田姫は「竜田山」の「竜」が裁縫の「裁つ」と掛けられ、裁縫の神ともいわれます。秋の木々の紅葉《こうよう》は、この竜田姫が赤く染め上げているものであると神格化されていたため、竜田姫は秋の季語として歌に詠まれることもあります。今回の本文や【文章】で言及された「竜田姫」はこの説を引いています。

また、明治から昭和にかけての美人画の巨匠である竹久夢二の作品に『立田姫』と名付けられた作品があります。鮮やかな赤の衣を身に付け、黄色の扇を持って立っている女性の絵です。私はこの絵が非常に好きで「竜田山」「竜田川」などと詠まれた歌にはその絵の女性のイメージを重ね合わせてしまいます。

2

第3回 解説 EXPLANATION

共通テスト実戦演習③

比喩のもたらす効果についての認識を深める

語数
407語
得点
/50点
問題編
P.20
古文音声

問題編 P.20

❶読解のポイント

古文には、比喩表現の一種である「隠喩《いんゆ》」という技を使った巧みな言葉遣いで文が構成されていることがあります。今回は比喩のもたらす効果について考察していく問題を、しっかり注意しながら解いていきましょう。

今回の問題は、室町時代に成立した物語である『しぐれ』から出題。この物語における重要なキーワードは「雨」です。雨は男女の関係を多様に表現することができます。雨という比喩が物語の構成や登場人物にどのような効果をもたらしているのか、注目しながら読解しましょう。

〈あらすじ〉 父の左大臣には二人の子がいた。娘は風邪のため清水寺にこもるが、一向に知らせがないのを心配した父の左大臣は、息子の中将を清水寺に向かわせる。時雨に降られた清水寺で、中将は偶然出会った美しい姫君に一目ぼれし、傘を貸す。居所も聞かぬままの別れに途方に暮れる中将は、清水寺にとどまることにした。ただ物思いにふける中将であったが、その隣の部屋に泊まっていたのは、なんとあの姫君なのであった。

❷登場人物

A **左大臣**…BとCの父。位階では二位の貴族（上達部）。風邪で清水寺に籠ったBの容体が心配で、Cを清水寺まで見に行かせる。

B **（妹の）姫君**…Aの娘。Cの妹。風邪のため清水寺でおはらいをしている。本文では「女御」とも表記される。

C **中将**…父（A）の命を受け、妹（B）の病状を伺いに清水寺へ行く。雨の中偶然Dと出会い一目ぼれする。「中将」は位階で五位以上の貴族（殿上人）なので、地の文では**尊敬語**や**二重敬語**（せ＋給ふ）が使われており、会話文では付き人から**丁寧語**「候ふ」が使われている点に注意。

D **姫君**…清水寺に参拝中、雨の中でCと出会う。地の文で**尊敬語**が使われている。

そのほか、中将の付き人や姫君の付き人が登場するが、両者とも尊敬語や丁寧語は使われていない。

3 全文解釈

（重要語／助動詞／接続助詞／尊敬語／謙譲語／丁寧語）

1

左大臣殿(A)と聞こえし人、君達二人おはしけり。一人は姫君(B)、世にすぐれ給ひければ、「内へ参らせん」とて、(ア)かしづき給ふところに、にはかに風の心地出で来給ひければ、「里にて祈らんよりも」とて、清水に御籠りありけり。

左大臣と申し上げた人には、ご子息が二人いらっしゃった。一人は姫君で、実に優雅でいらっしゃったので、（AはBを）「内裏に入内させよう」と思って、大切に育てていらっしゃるところに、急に（Bに）風邪の症状がお出になられたので、「実家で祈祷するよりも」ということで、（Bは）清水寺におこもりしたのであった。

2

さて、二三日にもなりければ、(A)「おぼつかなし」とて、❶御兄、中将殿(C)を清水へ遣り参らせ❷給ひけり。紅葉落葉の狩衣に御化粧ありて、やがて前駆、侍、御随身召し具して清水の西門へ入らせ給へば、参り下向の輩、目を驚かして見奉るに、「女御(B)の御心のおぼつかなくいかが」とおぼしければ、「侍ども、とくとく」とて、面々急ぎ召し具して堂の辺をざざめきて上り給ふ。折節、

そのまま、二、三日にもなったので、（AはBが）「気がかりだ」と思って、兄である、中将殿を清水寺へお向かわせなさった。（Cは）紅葉落葉柄の狩衣にお化粧をして、すぐに先導する人、侍、護衛する人を引き連れなさって清水寺の西の門にお入りになると、参詣し帰る者たちが、目を見張って拝見するが、（Cは）「（妹である）女御の病状が気がかりでどのようであろうか」とお思いになったので、「侍たちよ、急いで急いで」と言って、連れの人々を急いで引き連れなさってお堂のあたりを騒がしくのぼりなさる。そのとき、

単語・文法・解説

□きんだち【公達・君達】名 ①貴公子（上流貴族の子息のこと） ②あなた様

□うち【内】名 ①内裏（宮中） ②天皇 ③内心

□かしづく【傅く】動カ四 ①大切に育てる ②お仕えする・大切に世話をする

□おぼつかなし【覚束なし】形ク ①気がかりだ ②はっきりしない

□とく【疾く】副 ①すぐに・急いで ②すでに・とっくに

❶…「人物、」の形は、大半は「人物は、／人物が、」と主語として訳すが、「人物A、人物B」の形で「人物Aである、人物B」のように訳す場合もある。

❷…「す・さす・しむ」は、下に尊敬語（給ふ）が付く場合、尊敬の意味になる場合が多いが、上に使役の対象（〜に〔…させる〕）が存在する場合は使役の意味になる。

にはかに空曇り風吹きてはしたなき時雨する。参り下向の数多きなかに、年

急に空が曇り風が吹いて**激しい**時雨が降る。参詣して帰る数多い人の中に、歳

のほど十五六ばかりなる❸姫君の(イ)なのめならず美しき、女房たち四五人して❹

の頃が一五、六くらいである姫君で**きわだって**美しい姫君を、女房たち四、五人で

濡らさじと立ち隠す。中将殿、これを御覧じて、我が差させ給ひたる御傘、六

(Dを)濡らすまいと立ち隠している。中将殿は、この様子をご覧になって、自らがさしていらっしゃる傘を、六

位の進にておくらるる。❺❸姫君、「こはいかに」とおぼしめして、見上げ給ひつる

位の進を通じて(Dに)贈らせなさる。姫君は、「これはどうしたことかしら」とお思いになって、見上げなさった

御目のうちの気高さ、あくまで愛敬がましくて美しくぞおはしける。

その眼の中にやどる気高さは、この上なく**かわいらしさ**があって美しくていらっしゃった。

さて、❸姫君は本堂の東の縁に立たせ給ひて、「今は御傘❻参らせよ」と

そうして、姫君は(清水寺の)本堂の東の縁側にお立ちになって、「もう(拝借した)傘を差し上げなさい」と

仰せける。中将殿は濡れながら御傘待ち得させ給ひて、「この人々はいづく

(連れの者に)おっしゃった。中将殿は(雨に)濡れながらお傘を待ち受けなさって、「この人々はどちらに(おられる

にぞ」と問はせ給へば、「いまだあれに立たせ給ひて候ふ」と申せば、やがて

のか)」とお尋ねになると、(付き人が)「まだ**そこ**にお立ちになっております」と申し上げるので、(Cは)すぐに

人を遣はせて見せられけれども、おはせざりけり。さて、女御の御心地、別の

使いの人をおやりになってさがさせなさったが、(Dは)いらっしゃらなかった。そうして、女御のご病気は、大事に

□**はしたなし**【端なし】形ク
①中途半端だ ②そっけない ③激しい

□**なのめならず**【斜めならず】連語
①いいかげんではない・格別である・きわだって

□**あいぎゃう《ギョウ》**【愛敬】名
①優しさ ②かわいらしさ

□あれ【彼】代
①あれ ②そこ・それ

❸…文脈から考えて、この「姫君」は、中将の妹の姫君(=「女御」と呼ばれている)ではないと判断すること。

❹…格助詞「して」には、「方法・手段/使役の対象/動作の共同者」の用法がある。本文に使用されているのは「動作」(~と(共に))の共同者の用法。

❺…助動詞「る・らる」には「受身・可能・自発・尊敬」の用法がある。この文の主語は身分の高い中将(中将の言動は尊敬語で表されている)なので、**尊敬**の意味で取る。

4

事に渡らせ給はねば、やがて御下向あるべけれども、傘差しておくりつる人
いたりなさらなかったので、（Cは）すぐにお帰りになるべきであったけれども、傘を差し出して贈った人
の事、御心にかかりければ、「今宵はこれに通夜せん」とて仏の御前に
のことが、（Cの）お心にかかっていたので、「今夜はここにこもって一晩中祈願しよう」と言って仏前に
あくがれ居給ひけり。尋ねん方も覚えず、せん方もなければ、ただつくづく
上の空になってお座りになった。（Dを）どうさがせばよいかもわからず、どうしようもないので、ひたすらしみじみ
と眺めのみせられて、C局に入り給ひたれども静心なかりけり。
と物思いにばかりふけりなさって、部屋に入りなさったけれども落ち着いた心にならなかった。
さる程に、隣の局に人の籠りて(ウ)ゆゆしくしのびたるよそほひなりけれ
そうしているうちに、隣の部屋に人が引きこもってひどく人目をはばかっている様子であった
ば、怪しくてここかしこよりのぞき給へば、内には几帳を引かれたり。見る
ので、（Cは）不思議に思ってあちらこちらからおのぞきなさると、（部屋の）中には几帳が引かれている。見る
べきやうもなかりけるに、柱の節抜けの穴のありけるに紙を丸めて
ことのできる方法もなかったが、柱の節が抜けた穴があった所に紙を丸めて
押しかひたり。引き抜きて見給へば、D傘差しておくりし人なり。
押し込んであった。（Cがそれを）引き抜いてご覧になると（そこに居た人は）傘を差し出して贈った人である。

❻…文脈から、傘を中将に差し上げる（意訳して「お返しする」）と解釈すること（☞119頁）。

□ながめ【眺め】名　①（物思いにふけりながら）ぼんやりと見ていること・物思い　②眺望

□しづごころ【静心】名　①落ち着いた心

□ゆゆし【忌々し】形シク　①不吉だ　②恐ろしい　③すばらしい　④ひどい

❹ 解答・解説

問1（答 (ア)③ **大切に育てていらっしゃる**　(イ)① **きわだって美しい姫君**　(ウ)④ **ひどく人目をはばかっている**）

問1は、傍線部の解釈を選択肢から選ぶ問題。

(ア)は、次のように単語分けされる。

かしづき〔四［用］〕／給ふ〔四［体］〕

「かしづく【傅く】」は、「（子供を）大切に育てる」などと訳す動詞。父の左大臣から娘に対する所作であることと、「かしづく」の語義にもとづいて選択すると、正解は③。

(イ)は、次のように単語分けされる。

なのめならず〔連語〕／美しき〔シク［体］〕

「なのめなり【斜めなり】」は、「いいかげんだ」と訳す形容動詞。「ず」は打消の助動詞。「なのめならず」で、「いいかげんではない・格別である」という意味の**連語**になり、愛情や

忠誠心の深さ、容貌のすばらしさ、程度の深さなどを強調する場合によく使われる。ここでは、清水寺で偶然出会った姫君のきわだった容貌の美しさを表しているので、正解は①である。

(ウ)は、次のように単語分けされる。

ゆゆしく〔シク［用］〕／しのび〔上二［用］〕／たる〔存続［体］〕

「ゆゆし【由由し・忌忌し】」は、神聖なものに対して触れてはいけない様子が原義で、「不吉だ・恐ろしい・すばらしい・**ひどい**」などと訳す。「しのぶ【忍ぶ】」は、「我慢する・**隠す**・秘密にする」などと訳す動詞。人が部屋に籠って隠れている様子を表す文脈なので、正解は④。①も近いが、「身をやつす」は「自分の身（服装）を目立たないようにする・みすぼらしくする」という意味。「しのぶ【忍ぶ】」の解釈には合わないので×。

問2（答 ⑤ **左大臣は姫君の容態がどうなったか気がかりになり、姫君の兄である中将殿を清水寺にお向かわせなさった。**）

「おぼつかなし【覚束なし】」は、「気がかりだ」と訳す形

容詞。誰が誰を「気がかりだ」と思って中将殿を清水へ遣わしたのか、この時点では複数の解釈ができる。

なぜ? 「人物、」の形は通常「人物は、／人物が、」と**主語**として訳すことが多い。よって、ここでは左大臣のもう一人のご子息である**姫君の兄**が妹を「気がかりだ」と思って、**中将殿**という人物を清水寺に遣わしたと解釈できなくもない。

ただ、選択肢の正誤がわかりやすいので、ここは消去法で解ける。

①＝×…「不満に思って」とは本文に書かれていない。
②＝×…「姫君の病状がさらに悪化したとの知らせを受けて」とは本文に書いていない。
③・④＝×…「帝」は登場していない。
⑤＝○…解釈としては特に問題ない。
⑥＝×…風邪をひいた姫君が、清水寺に籠って二、三日経ったという文脈なので、突然「中将殿の健康状態が心配になり」はおかしい。

したがって、正解は⑤しかない。二、三日も帰ってこない妹の姫君を心配する父の左大臣の心情が表現されているということがここでわかる。また、この選択肢から、連続している「御兄、中将殿」は同一人物で、「兄である中将殿」と訳すこともわかる。なお、この「せ」は、**尊敬**ではなく**使役**（…させる）の助動詞「す」の連用形である。

なぜ? 助動詞「す・さす・しむ」には、**使役**と**尊敬**の意味がある。「す・さす・しむ＋**給ふ**」という形の場合、「す・さす・しむ」は**尊敬**の意味である場合が多いが、上に**使役の対象**（～に〔…させる〕）が存在する（ことがあきらかである）場合は**使役**の意味になる。ここでは、左大臣が（命じて）中将殿を清水寺へ向かわせたという文脈。中将殿に（…させる）という**使役の対象**が明確に存在するので、この「せ」は**使役**の意味で取る。

問３（答）② **姫君がお供の者に、お借りした傘をお返ししなさい、と言った。**

傍線部Bは、次のように単語分けされる。

今《副》／は《係助》／御傘《名》／参ら《四[未]》／せよ《使役[命]》

「参ら」は「参る【参る】」の未然形で、「参上する・**差し上げる**」と訳す謙譲語。ここでは、姫君が借りた傘を返そうとしている状況を掴むことができるため、解答は②と④に絞られる。さらに、「せよ」は使役の助動詞「す」の命令形であり「…しなさい」と訳せる。姫君がお供の者に伝えた※1言葉であることが読み取れることから、正解は②である。

※1…傍線部の後、中将がお供の者に対して「この人々はいづくにぞ」（訳：この人々はどこに（いらっしゃるのか）」と言ったことからも、中将は姫君から傘を直接受け取っていないことを読み取ることができる。

問4（答①　**傘を貸した姫君の美しい姿が忘れられず、恋心がつのるばかりで、仏前にありながらも彼女の行方が気になり落ち着かない気持ちになった。**）

「つぼね【局】」は、宿泊者用の部屋のこと。また、「しづごころ【静心】」は、「落ち着いた心」という意味の名詞。これに「なかりけり」（訳：なかった）が続き、中将の落ち着かない心情を表している。その理由は、傍線部の前、第三段落の4行目以降に、「傘差しておくりつる人の事、御心にかかりければ」「尋ねん方も覚えず、せん方もなければ、ただつくづくと眺めのみせられて」とある。

よって、正解は①となる。

問5（答②・⑥）

文章の内容について討論している生徒の発言から、本文と合致している文章を二つ答える問題。この問いは、今回のテーマで最も重要な、比喩がもたらす効果について考察していく。

自然現象が物語の内容を予兆したりすることは古文ではよくある。例えば、『源氏物語』の「御法」では、光源氏の最愛の女性である紫の上が亡くなる前に、萩の上の露がこぼれ落ちそうになっているシーンが見られる。この萩の露は、紫の上の死を予見していると読み取れる。今回の「しぐれ」では、その萩の上の露にあたるのが突然の雨である。この雨が、雨宿りをしている姫君に出会うきっかけを演出し、二人をつなぐことになっていく。このような比喩についての常識と内容から、選択肢を考える。

①＝×…本文中で二人は再会しているため、「二人が離れ離れになるということを暗示するために筆者は雨を降らせた」は不適当。

②＝○…本文の内容と雨宿りの言い伝えを矛盾なくとらえているので、この解釈は適当である。

③＝×…雨が涙を表す場合は、「袖を濡らす雨」のような表現になると教師が説明しているため、「この雨はこの中将の涙のことを暗示しているように」は不適当。

④＝×…枯れそうな花（女性）が雨（男の愛情）のおかげで

生き生きと蘇るというような場合に、雨が愛情のたとえになると説明されている。また、主に雨で濡れたのは男性である中将なので、「降り続く雨は姫君に対する中将の絶え間ない愛情を表している」は解釈として適当ではない。

⑤＝×…姫君がとどまった理由は本文には記されていないので、「中将に、姫君は宿縁のようなものを感じているよ。だから姫君はすぐに出立せずに一晩そこにとどまったのだと思う」という解釈は不適当。

⑥＝○…本文中の二人の再会と、雨宿りの言い伝えを的確にとらえているので、この解釈は適当である。

したがって、正解は②・⑥である。

5 作品紹介

『しぐれ』は室町時代に成立した作者未詳の物語。御伽草子をもとにして作られた、奈良絵本の一つとして有名なお話です。当時は親同士の決めた相手と結婚するのが一般的でした。この時代の物語には、恋愛結婚がよく描かれており、それだけ恋愛結婚は多くの人の憧れだったのでしょう。今回は時雨に降られて困っている姫君に中将殿が傘を貸したことが機縁となり、結ばれるというお話です。

古くから、雨宿りをしたときに出会った男女は離れることはないという言い伝えがあります。雨宿りをする軒のことを「端《つま》」、雨宿りをする男と女のことを「夫《つま》」と「妻《つま》」。さらに雨宿りをする時に重なる袖のことを「褄《つま》」ととらえれば、雨宿りの場所というのは、端《つま》の下で結ばれることになっている夫《つま》と妻《つま》がそれぞれの褄《つま》を重ね合わせる縁起の良い場所ということになりますね。

そういえば、歌手のさだまさしさんが歌う「雨やどり」という名曲があります。雨宿りで出会った二人が最終的に結ばれるという素敵で面白い歌ですから、ぜひ聴いてみてください。

第4回

解説 EXPLANATION

共通テスト実戦演習④

栄枯盛衰における人間の美学についての認識を深める

語数
376語
得点
/50点
問題編
P.28
古文音声

❶ 読解のポイント

共通テストでは、複数の作品を合わせて理解する力が求められます。そのため、【文章Ⅰ】と【文章Ⅱ】を対比させて共通点や相関関係を読み取れるようにしましょう。

【文章Ⅰ】は斎藤実盛の全盛期、【文章Ⅱ】は討ち取られた実盛の最期に関する文章です。機知と度胸に富んだ勇将であった若かりし頃と、老いた後も賢く勇敢であった実盛。無常観のもと、実盛の栄枯盛衰と人間の美学が描かれていることをとらえられたでしょうか。

〈あらすじ〉

【文章Ⅰ】総大将源義朝は平家に追われ、前を僧兵に塞がれ、絶体絶命の窮地にあった。そこに、名将斎藤実盛が登場。言葉巧みに敵を油断させ、動揺させ、大混乱に陥れて窮地を逃れることに成功した。

【文章Ⅱ】実盛に恩義を感じている源義仲は、戦いで討ち取られた実盛の首の髪が黒いため、老齢の実盛ものだと信じられないでいる。義仲は実盛を知る樋口次郎に首を確認させる。樋口次郎が涙ながらに髪を洗うと、黒髪は白髪と化した。

❷ 登場人物

【文章Ⅰ】斎藤実盛の全盛期

A 義朝…源氏の総大将、源義朝。平家との合戦に敗れ、Cに助けられ逃げのびる。

B 西塔法師…比叡山延暦寺の僧兵。功名を上げようとAの前に立ちはだかるが、Cに翻弄される。

C 斎藤実盛…策略をもってAを救う。源氏に仕える。斎藤別当、長井斎藤別当実盛とも表記される。

【文章Ⅱ】斎藤実盛の最期

C 斎藤実盛…平家に仕える。老人と侮られないために、白髪を黒く染めて参戦し、討ち死にをする。

D 木曾義仲…以前、Cに命を助けられ、恩義を感じている。Cの死を悼む。

E 樋口次郎兼光…Cを見知っている人物。討たれた人物がCであると証言する。

③ 全文解釈【文章Ⅰ】

（重要語／助動詞／接続助詞／尊敬語／謙譲語／丁寧語）

A 義朝は、あひ従ひし兵ども、方々へ落ち行きて、小勢になりて、叡山西坂本を

義朝は、付き従っていた兵士どもが、方々に落ち延びていって（兵士たちは）少数になって、比叡山の西坂本を

過ぎて、小原の方へぞ落ち行きける。八瀬といふ所を過ぎんとするところに、

通り過ぎて、大原の方へ敗走していった。八瀬という所を過ぎようとするところに、

B 西塔法師百四五十人、道を切りふさぎ、❶逆茂木引いて待ちかけたり。この所は、

西塔法師百四、五十人が、道を遮断して、逆茂木を引いて待ち受けている。この場所は、

一方は山岸高くそばだち、一方は川流れみなぎり落ちたり。「うしろよりは、

片方は山側が高くそびえ立ち、一方は川が勢い良くあふれ落ちている。「後ろからは、

敵、さだめて攻め来たるらん。前は B 山の大衆、支へたり。(ア)いかがはせん」と

敵がきっと攻めてきているだろう。前方は比叡山の僧兵たちが、支えている。どうしたらよいだろうか」と

いふところに、C 長井斎藤別当実盛、防ぎ矢射て追ひつきたりけるが、「A ここを

いうところに、斎藤実盛が、（敵の進撃を阻止するための）防ぎ矢を射て追いついたところ、（Cが）「ここ

ば、C 実盛、通しまゐらせ候はん」とて真先に進みて、甲をぬいで臂にかけ、弓

は、私実盛が、（敵の中を）通して差し上げましょう」と言って先頭に進んで、甲を脱いで腕にかけて、弓

脇にはさみ、膝をかがめて、「C これは、主は討たれ候ひぬ。いふかひなき下人・

は脇に挟み、膝を折り曲げて、「我らは、主君は討たれてしまいました。つまらない下人・

単語・文法・解説

★★ □さだめて【定めて】副
①きっと〈↓推量〉
※呼応の副詞（☞113頁）

★★★ □いかがは《ワ》せむ《ン》【如何はせむ】連語
①どうしようもない
②どうしようか

□とほ《オ》す【通す】動サ四
①突き抜く・貫く
②透きとおす・すかす
③届かせる・通行させる
④継続する・経過する

★★★ □い《イ》ふ《ウ》か《カ》ひ《イ》なし【言ふ甲斐無し】連語
①どうしようもない
②つまらない

❶…さかもぎと読み、敵を防ぐ柵のこと。とげがある木の枝を外側に向けて垣に結って作る。

冠者ばらが、恥をかへりみず、命を惜しみ、妻子を今一度見候はんとて、国々

若造たちが、恥を顧みることもせず、命を惜しみ、妻子をもう一度見ましょうとして、国々

へ逃げ下る者どもにて候ふ。たとひ首を召され候ふとも、罪つくらせ給ひ

に逃げ下る者どもでございます。たとえ（我々の）首をお取りになられましても、（殺生の）罪をお作りになっ

たるばかりにて、勲功の賞にあづからせ給ふほどの首は、(イ)よも一つも

てしまうだけであって、（Bが）勲功の賞をお受けになるほどの首は、まさか一つもございま

候はじ。B たまたま僧徒の御身にて候へば、しかるべき人なりとも、御助け

すまい。（Bは）たまたま（偶然に）僧の身でございますから、（敵方の大将格の）立派な人であっても、お助け

こそ候はんずれ、かかる下臈のはてどもを討ちとどめさせ給ひても、何の

ございますのが当然なのに、このような身分の賤しい者どもを討ち倒しなさっても、何のご

御用か候ふべき。物の具まゐらせて候はば、かひなき命をば、御助け候へ

入用があるでしょうか。（我々の）武具を差し上げたとしましたならば、（この）取るに足らない命を、お助けください

かし」と申せば、B 大衆ども、「さらば、物の具投げよ」と(ウ)いはせもはてず、持ち

よ」と申し上げると、僧兵たちは、「それならば、武具を投げよ」と終わりまで言わせないで、（Cは）

たる甲を、若大衆の中へ、からとぞ投げたりける。下部・B 法師ばら、「われ取ら

もっている甲を、若い僧兵のたちの中へ、ガランと投げ入れてしまった。下男・法師たちは、「自分が取るの

ん、人に取られじ」と、ひしめきけるほどに、ある法師、奪ひ取りてうち笑ひて

だ、（他の）人にとられまい」と、大勢集まって騒ぎ立てた間に、ある法師が、奪い取ってにやりと笑って

□~ばら【輩】接尾
①~たち・~ども

□よも 副
①いくらなんでも・まさか

□しかるべし【然るべし】連語
①適当である
②当然そうなるはずである
③立派である

□はつ【果つ】動タ下二
①完全に…する・…し終える
②終わる・死ぬ

立つたりけるを、斎藤別当をかしと思ひ、馬にうち乗りて、つつと馳せよせ

立っていたのを、斎藤実盛は**滑稽だ**と思い、馬に勢い良く乗って、つつっと（馬で）走り寄せ

て、甲を引奪ひてうち着て、太刀をぬき、「さりとも、わ法師ばらも聞きこそ

て、甲を奪い取ってすばやく身につけて、太刀を抜き、「そうであっても、坊さん**たち**もきっと耳にしたことが

しつらめ、日本一の剛の者、長井斎藤別当実盛とはわが事ぞ。われと思はん

あるだろう、日本一の剛の者、長井斎藤別当実盛とは私のことだ。我こそはと思うような

者あらば寄りあへや、勝負せん」とて、一鞭打つて、つつと通る。義朝以下の

者がいればかかってこいや、勝負しよう」と言って、（馬に）一鞭加えて、つつっと（Bの前を）通る。義朝以下の

兵ども、一騎も残らず、皆通りぬ。歩立ちの大衆・法師ばら、馬にあてられ

兵士たちは、一騎も残らず、皆通った。徒歩の集団・法師**たち**は、馬にぶつけられ

て、❷あるいは川に落ち入り、❷あるいは谷にころび入り、さんざんの事どもなり。

て、ある者は川に落ち、ある者は谷に転び落ち、**ひどく見苦しい**ことであった。

□★★★**をかし**【招かし】形シク
①趣がある　②かわいい
③妙だ・滑稽だ

□わ～【我・吾】接頭
※相手を表す語に付いて、軽く見る気持ち（または親愛の情）を表す代名詞をつくる。

□さんざんなり【散散なり】形動ナリ
①ひどく見苦しい
②ちりぢりだ・ばらばらだ

❷…「あるいは」という連語は、「ある者は」という意味で、ラ変動詞「あり」の連体形「ある」と間投助詞「い」、係助詞「は」から成る。

❹全文解釈【文章Ⅱ】

（重要語／助動詞／接続助詞／尊敬語／謙譲語／丁寧語）

E 樋口次郎ただ一目みて、「あなむざんや、C 斎藤別当で候ひけり」。D 木曽殿、「それならば今は七十にもあまり、白髪にこそなりぬらんに、びんぴげの黒いはいかに」と宣へば、E 樋口次郎涙をはら〳〵とながいて、「さ候へばそのやうを申しあげうど仕り候が、あまり哀れで不覚の涙のこぼれ候ぞや。弓矢とりは、いささかの所でも思ひ出での詞をば、かねてつかひおくべきで候ひける物かな。C 斎藤別当、E 兼光にあうて常は物語に仕り候ひし。『六十にあまつていくさの陣へむかはん時は、びんぴげを黒う染めて、若やがうど思ふなり。其故は、若殿原に争ひて先を駆けんもおとなげなし、老武者とて人の

樋口次郎は（その首を）たった一度見て、「ああむごいことだなあ、斎藤実盛様でありました」。（すると）木曽殿は、「それならば今は七十歳も越えて、きっと白髪になっているだろう❶に、びんやひげが黒いのはどういうことか」とおっしゃると、樋口次郎は涙をぽろぽろと流して、「そうでございますのでその理由を申し上げよう❷といたしますが、あまりに哀れで不覚の涙がこぼれますよ。弓矢を取る武士は、わずかばかりの所でも思い出となる言葉を、前もって使っておくべきでございましたなあ。斎藤別当様が、私兼光に会って常に話をいたしておりました。（Cが私に）『六十を越えて合戦の陣営に向かうようなときは、びんやひげを黒く染めて、若返ろう❷と思うのである。その理由は、若武者たちと争って先駆けをするようなものも大人げない、年老いた武者といって人が

単語・文法・解説

□はら〳〵《はら》と 副 ①ぽろぽろと・ぱらぱらと ②さらさらと

□★★さ【然】副 ①そのように・そう ②全く・全然

□いささか【聊か】副 ①わずかばかり・ちょっと

□わかやぐ【若やぐ】動ガ四 ①若返る ②若々しくふるまう

□★★★くちを《オ》し【口惜し】形シク ①残念だ ②つまらない・情けない

❶…助動詞「らむ」の識別を参照（☞116頁）。

❷…助動詞「む」が「ん」となり、さらに「う」に変化した語。平安末期に現れ、鎌倉時代以降は「む」に代わって用いられるようにもなった。これが現代語で意志を表す助動詞「う」の語源である。

あなどらんも口惜しかるべし』と申し候ひしが、まことに染めて候ひけるぞや。

侮るのも情けないだろう』と申し上げましたが、本当に染めておりましたのですね。

洗はせて御覧候へ」と申しければ、「さもあるらん」とて洗はせて見候へば、白髪にこそなりにけれ。

（私に首を）洗わせてご覧ください」と申したので、（Dは）「そういうこともあるのだろう」と思って洗わせて見ますと、（Cの首は）白髪になってしまった。

❺ 解答・解説

問1（答）(ア)② **どうしたらよいだろうか**　(イ)⑤ **まさか一つもございますまい**　(ウ)① **終わりまで言わせないで**）

(ア)の「いかがはせん」は、一種の慣用表現（連語）と覚えておくこと。「どうしようか（疑問）・どうしようか、いやどうしようもない（反語）」のように訳す。義朝が絶体絶命の状況に陥って、自問自答している場面である文脈をふまえても、正解は②である。

(イ)は、次のように単語分けされる。

よも（副）／一つ（名）／も（強意）／候は（四[未]）／じ（打推[終]）

「よも」は、主に「じ」とセットで使われ、「**まさか…するまい**」と訳す**呼応の副詞**（→113頁）。前文「勲功の賞にあづからせ給ふほどの首は」から、「一つ」は「首」のことを指している。正解は⑤である。

(ウ)は、次のように単語分けされる。

いは（四[未]）／せ（使役[用]）／も（係助）（強意）／はて（下二[未]）／ず（打消[終]）

「はつ【果つ】」は「終わる」と訳す。「いはせもはてず」を直訳すれば「言わせ終わらないで」となる。僧兵の「されば、物の具投げよ」と言葉が言い終わらないうちに、実盛は自らの甲を投げた場面。正解は①。

問2（答）② **実盛が、「私が敵の中を通してさしあげましょう」と義朝に申し出ている。**）

会話文では自らを名前で表現するケースがある。この「実盛、」とは実盛自身を指し、「私が、」に置き換えることができる。防ぎ矢を射ながら義朝たちに追いついた実盛が発した言葉であると考える。

「まいらせ」と「候は」は、二つとも実盛から総大将義朝に対する敬意を表した言葉。「通しまゐらせ候はん」は、直訳すると「お通し申し上げましょう」となる。

なぜ？ 謙譲語「まゐらす【参らす】」は、本動詞の場合は「差し上げる・献上する」と訳すが、補助動詞の場合は「お〜する・**(お)〜申し上げる**」という意味になる。ここは「通し」に付いているので補助動詞の用法。「候ふ」は丁寧語で、本動詞の場合は「あります・おります（ございます）」と訳すが、補助動詞の場合は「〜です・〜**ます**」と訳す。また、助動詞「ん（む）」は、主語が一人称（私）の場合は意志（…しよう）の意味になる。

したがって、選択肢は①・②に絞られるが、この後、実盛が敵の中を「駆け抜けて」行くのは変なので、①ではない。よって、正解は②である。

問3（答 ①）

傍線部B「たまたま僧従の御身にて候へば、しかるべき人なりとも、御助けこそ候はんずれ、」は、実盛が僧兵たちに話している言葉。選択肢を比較すると、「たまたまあなた方は、」がすべて共通。「僧従の御身にて候へば、」の解釈は、「**殺生を禁じられている**僧の身なのだから、」と「**戦功を求めるはずのない**僧の身なのだから、」の二つに分かれる。前文で実盛が、「たとひ首を召され候ふとも、**罪つくらせ候ひたるばかり**にて、」と言っている点からも、僧侶は殺生を禁じられている身であると解釈するのが適当であろう。

「しかるべき人なりとも、」の解釈は様々で、ここをどう取るかがポイント。「しかるべし」は、ラ変動詞「しかり」の連体形＋助動詞「べし」の連語で、「適当である・立派である」などの意味。「僧兵たちが討つのに好都合な（立派な）人であろうとも、」のように解釈できる。「御助けこそ候はんずれ」は直訳すると「（あなたたちは）お助けございますのが当然だけれど、」となる。

なぜ？ 「んずれ」は、助動詞「んず（むず）」で、係助詞「こそ」の結びであるため**已然形**となっている。「〜こそ…已然形、」の形は「〜は…だけれど、」など逆接に訳す表現。助動詞「んず（むず）」は、主語が二人称（ここでは「僧兵たち」）なので**適当**の意味で取るのが自然。

これらの解釈と文脈をふまえると、正解は①が最も適当。

問４（答⑤）

「斎藤別当をかしと思ひ」の「をかし」は、「趣がある・かわいい・**妙だ**・**滑稽だ**」などと訳す形容詞。実盛は、助けを乞うふりをしながら甲を投げ入れている。そしてそれを奪い合う僧兵たちを「をかし」と感じ、すぐさま甲を奪い返して敵を威嚇する。よって、正解は⑤である。

問５（答②・⑤）

【文章Ⅰ】と**【文章Ⅱ】**、二つの文の内容に合致する生徒の発言を二つ選ぶ問題。選択肢の文章が**すべて**内容に合致しているものを精査すること。

①＝×…実盛が「非道を働いたために悲惨な死に方をした」という記載は、文章中にない。

②＝○…**【文章Ⅰ】**と**【文章Ⅱ】**を読むと、「『たけき者も遂にはほろびぬ』とあるような無常観を表している」という解釈は間違いではない。

③＝×…僧兵が道を譲ったのは、実盛という「日本一の剛の者」に圧倒されたからであり、「実盛の勇敢さに感服した」からではない。

④＝×…実盛の「名乗り」は僧兵たちを欺く「策略」の直後に行なったものであるため、「実盛が武将としての名乗りをしたせいで、あやうく策略が相手に見破られそうになった」は本文の内容と合わない。

⑤＝○…**【文章Ⅰ】**では実盛の「名乗り」で僧兵たちは道をあけているため、「相手の士気をくじいたりする効果」が見られる。「名乗り」の定義も的を得ているため、適当である。

⑥＝×…本文中に義仲が「実盛と別れたときは白髪になっていた」という記載はない。

したがって、正解は②と⑤。

❻ 作品紹介

【文章Ⅰ】は、鎌倉時代に成立した軍記物語『平治物語』(作者未詳)から出題。『平治物語』は、一一五九年に起こった**平治の乱**が物語として描かれた作品です。

遡ること三年前の一一五六年、皇位継承に関して不満をもつ崇徳上皇と後白河天皇が対立します。互いに武士団を招いて交戦しますが、源義朝・平清盛ら強力な武士団を擁する後白河天皇側が勝利。これを**保元の乱**といいます。

その後、院政の実権を握った後白河上皇のもと、上皇の近臣である藤原通憲(信西)に重用されて平清盛が勢力を伸ばします。これに不満をもった源義朝が、藤原信頼と結んで清盛打倒を掲げて挙兵。これが**平治の乱**です。源義朝は敗れて討たれ、平氏の全盛期が訪れることになります。

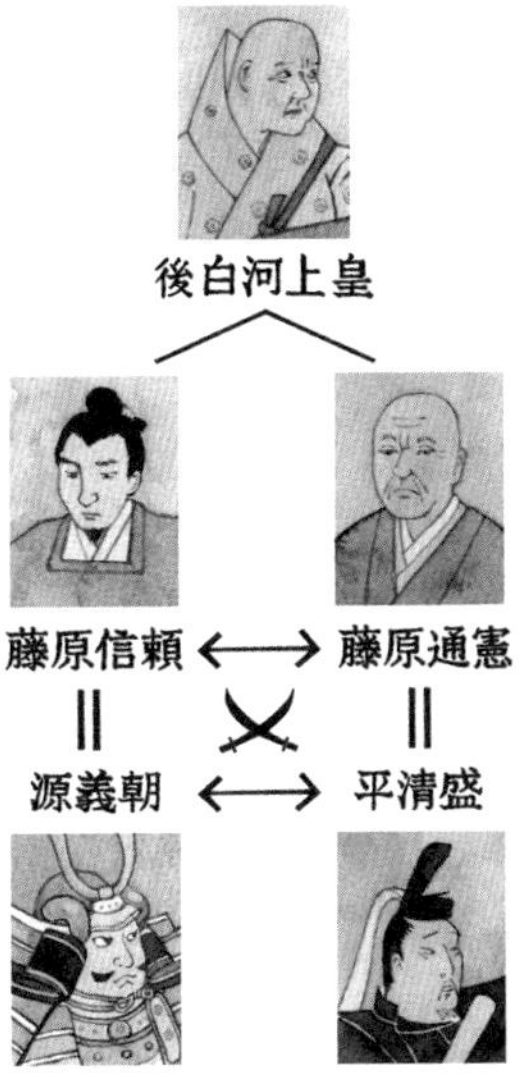

【文章Ⅱ】は、『平家物語』の巻第七「実盛」の一節。こちらも『平治物語』と同様に、鎌倉時代に成立した作者未詳の軍記物語です。『平家物語』には、源氏との戦いで名声を得た平家の興亡が描かれています。

実盛は、**【文章Ⅰ】**の保元・平治の乱の頃は**源氏に仕えて**いましたが、義朝が討たれると故郷の武蔵国長井庄が平家領となったため、**【文章Ⅱ】**では**平家側の人間**になっています。実盛は、源義仲の幼少期に命を助けたことがありましたが、源平合戦が始まると、一一八三年の篠原の戦いでその義仲と戦うことになり、手塚光盛に討たれて首を取られてしまいます。義仲は、そのびんぴげの黒い首が、老いたはずの実盛のものだと、確信できませんでした。信じたくもありませんでした。しかし首検分で洗い流すと、黒髪が白髪となり、実盛本人であることが判明します。実盛は、老いても武士としての威厳を保ち、敵に侮られまいと髪を黒く染めて参戦していたのでした。義仲は恩人の死に際し、深い悲しみにうちひしがれます。

最期まで武士道を貫く勇姿を見せた実盛。散り際の美しさが感じられますね。

第5回 解説 EXPLANATION

共通テスト実戦演習⑤
人間洞察についての認識を深める

語数 565語
得点 ／50点
問題編 P.36
古文音声

❶ 読解のポイント

二つの文章を読み比べ、それぞれの登場人物の真意を図り、読解していきましょう。本文の盗人は、和歌を愛するという優雅さと、主人の生活に同情し何も盗らずに帰るという優しさを持ち合わせています。盗みに入られる忌まわしい事件もしみじみとした風情のある出来事になっています。【文章】の最後の「優なり」は、主人と盗人それぞれの優しさを拝した言葉ということが読み取れますね。

〈あらすじ〉
【本文】家の中に汚らしい盗人の足跡が点々と続いている。何も盗られてはいない。そんな折、盗人からの手紙を見つける。そこには筆者の貧しい生活を同情し、筆者が読みさした上の句に下の句が付けてあった。筆者は盗人にしみじみとした風情と親近感を感じたのだった。
【文章】物色した物を盗人が返して立ち去ろうとする。食べ物と勘違いして灰を食べたところ、空腹がおさまったので返すのだと言う。盗人の潔い心根に感じ入った主人は物を与え、以後世話をすることになる。

❷ 登場人物

【本文】…いわゆる「**日記**」とされているため、筆者（私）の存在に注意。自己の体験の記載。

私 **筆者**…睡眠中にAに入られる。Aの所業についてあれこれと思案する。

A **盗人**…盗みに入ったが、**筆者**（私）に手紙を残し、何も盗らずに立ち去る。

【文章】…**【本文】**と違い、「説話」なので筆者自身は登場しない。

1

3 全文解釈

（重要語／助動詞／接続助詞／尊敬語／謙譲語／丁寧語）

五月雨晴れ間なき夜に時鳥や訪るると、軒の雫を数ふるとはなしに起き

五月雨の晴れ間のない夜にホトトギスが**声を立てる**のではないかと、軒の下の雫（の音）を数えるとはなしに（私は❶）起き

居つるを、いつのまにうまいしにけり。短夜なれば明けはなれたり。

ていたが、いつの間にか**ぐっすり眠って**しまった。（夏の）短い夜なので夜がすっかり明けてしまった。

いぎたなき目をすりつつ見れば、南の遣戸は鎖さでぞおきし。明かり障子

寝坊した目をこすりながら（まわりを）見たところ、南の引き戸は閉ざさないで**そのままにして**いた。明かり障子

さへ隙細う開きたり。「よくも風引かざりし」とて、やをら開け放ちてみれ

までもがほんの少し開いている。「よくも風邪をひかなかったものだ」と思って、**そっと**戸を開け放してみる

ば、いとあやし、簀の子の上に人の足の跡の、泥に染みて所々付きたる

と、大変不思議なことに、縁側の上に人の足跡が、泥に染まってあちこちに付いているの

を、猶見めぐらすれば、我が枕辺、後辺にも、あまたいみいみしく染み付き

を、**再び**見回してみると、私の枕元、足元にも、たくさん不吉に染み付い

たり。「鬼の来たりしにや」と胸うち騒がれて、と見かう見、（ア）「いづかたよりに

ている。「鬼がやってきたのだろうか❷」と胸騒ぎがして、あっち見こっち見、「どこから入ってきたのであろ❷

や」と、ほどなき庭を見やりたれば、築垣の土こぼれて、童のふみあけたる

うか」と、**近くの**庭を見渡したところ、土塀の土が削れて、子供が踏んで広げた

単語・文法・解説

□おとづる【訪る】動ラ下二
①音（声）を立てる　②訪問する・訪れる

□うまい【熟寝】名
①ぐっすり眠ること

★★□いぎたなし【寝汚し】形ク
①寝坊だ

★★□おく【置く】動カ四
①（霜や露が）降りる　②そのままにする・あとに残す　③除く・さしおく

★★□やを《オ》ら　副　①そっと

★★★□なほ【猶・尚】副
①やはり　②まるで〈→ごとし〉　③再び・やはりまた

□ほどなし【程無し】形ク
①間もない　②若い　③近い

❶…地の文の主語が本文中に全くないため、日記・随筆のような主語が一人称（私）の文章だと考える。

❷…「…にや」「…にか」の後には「あらむ」などが、「…とや」の後には「言う・聞く」がなど省略されている。これを**結びの省略**という。（☞23頁）

ばかりなるままに、雨に掘り漂はされて、行潦に流れ合ひたる。「こは盗人や
あたりであるままの所に、雨に掘られ土が散乱させられて、雨水が水たまりに流れ込んでいる。「これは盗人が

入りつ。庵ながら奪ひもて去るとも惜しからぬを、命得させしこそ
入ったのだろうか。草庵（家）をそのまま全部持ち去ったとしても惜しくもないが、（私を殺さず）命を与えてくれたのは

嬉しけれ」と、漸く心落ち居ぬ。柳葛籠の一つあるを開けて、なれ衣一重二重
嬉しいことだ」と、ようやく心が落ちついた。（Aは）柳葛籠が一つあるのを開けて、着慣れた衣を一着二着

あばき散らしつつ、物はありやとさぐりつらん。Aこれ取りて行かざりし
乱暴に取り散らかしながら、（何か良い）物はあるだろうかと探ったようだ。（Aが）これ（＝衣）を奪っていかなかった

ぞ、かへりては恥あることに覚ゆ。何も何もありしままなるは、彼にだに❸
のは、かえって恥ずかしいことのように思われる。どれもこれも盗人が入る前のままであるのは、彼にさえ

あなづらるる事のいと口惜し。足の跡むさむさしきを、掻い拭き掃きやると
見下されることが非常に情けない。（Aの）足跡が汚らしいのを、拭いたり掃いたりしようと

て、ふと見たれば、机の上に紙一ひら広げて、狐などが書きすさびたるや
して、ふと見たところ、（Aが）机の上に紙一枚を広げて、狐などがもて遊んで書いたよ

うに墨付きしどろにて何事をか書いつけたり。あやしう取りて見れば文
うに筆跡が乱雑な様子で何事であろうか書きつけてある。（私が）不思議に思って手に取って見ると手紙

なり。
である。

★★ □おぼゆ【覚ゆ】動ヤ下二
①思われる ②似ている

□あなづ・る【侮る】動ラ四
①あなどる・見下す

★★★ □くちをし《オ》【口惜し】形シク
①残念だ
②つまらない・情けない

★★ □すさぶ【荒ぶ・遊ぶ】動バ四／バ上二
①もて遊ぶ・興じる
②盛んに…する

□しどろなり 形動ナリ
①とりとめがない
②乱雑だ

❸…副助詞「だに」には、**希望の最小**（せめて…だけでも）と**類推**（…でさえ）の用法がある。後ろに「願望・仮定・命令・**意志**」の表現がある場合の「だに」は**希望の最小**。なければ**類推**となる。

2

今宵の雨に立ちぬれつつ、宿りがてら押し入りたるに、我ともの盗みして、夜にはひ隠るるはことわりなるものの、かうまで貧しくておはさんとは思ひかけずぞありし。銭金のあらぬのみかは、米だに一升だにもあらで、(イ)あすの煙は何をたよりにとや。B外の家にて取り来たる物だにあらば得させんを、我が手のむなしきはあるじが幸ひなきなり。歌はすきて詠むにや、ほととぎす待ち顔なることを、書きもをはらで寝たるよ。

（Aが）今夜の雨に立ち濡れながら、雨宿りをするついでに押し入ったところ、私のように盗みをして、夜にこそこそと隠れるのは**もっともで**あるが、（あなたが）こうまで貧しい生活をしていらっしゃるとは思いもかけないことであった。（あなたは）金銭がないばかりか、いや、それだけでなく、米さえ一升さえもなくて、明日の食べ物にも事欠きどのようにして生きていくのであろうか。せめて私がほかの家から取った物でもあれば（あなたに）与えたいが、私の手に何も持ち合わせていないのは主人の運がないのである。（あなたは）歌は好んで詠むのであろうか、ホトトギスを**待っているような様子**であることを、書き終わらないで寝てしまっているよ。

C深き夜の雨にまどへる忍び音を

真夜中の雨の音と聞き**迷って**しまうような**ホトトギスの初音**を（聞きたいものだ）

我[A]、これにつづけん。

私が、（あなたの詠んだ）この歌に続けよう。

- ことわりなり【理なり】形動ナリ
  ①もっともだ・当然だ
- まちがほ《オ》【待ち顔】名
  ①（人を）待っているような顔つき（様子）
- まどふ《ウ》【惑ふ・迷ふ】動八四
  ①迷う・心が乱れる
  ②ひどく…する〈補動〉
- しのびね【忍び音】名
  ①ひそひそ声
  ②ほととぎすの初音

5

やよ ほととぎす ふた声 は 鳴け

なあ、ホトトギスよ。(一声ではなく)二声は鳴いてくれ。(そうすればホトトギスの忍び音だとわかるから)

「忍び音」と 詠める こそ、我(A) 夜 に 隠れ て あぶれ 歩く を いふ よ。昔 は

「忍び音」と(あなたが)詠んだのは、私が夜に隠れてさまよい歩くことをいうのだなあ。昔は

かかる 遊び を、庭 の 教へ にて 習ひ し が、酒 と いふ 悪しき 友 に いざなは れ

このような和歌のたしなみを、家の教えで**学んだ**が、酒という**悪い**友に**誘われ**

て、よから ぬ をこ 業 し て、あやしき 命 を「けふ ばかり は」と 逃れ 歩く ぞ。

て、**良く**ない**ばかげた**行ないをして、みすぼらしい命を「今日だけは(生かしてくれ)」と逃げ**回って**いるのだよ。

と、鬼々しく 書い 散らし たり。

と、**荒々しく**書き散らしている。

悪者 の なかに、かかる 人 も あり けり。目 覚め たら ば、とどめ て うちものがた

悪人の中に、このような人もいるのだなあ。(私が)もし目覚めていたら、引きとめて物事を語り合お

らん を、「なほ 外 に 立ち て あり わびや す」と、竹の戸 開け て 見おくり たれ ど、

うものを、(Aが)「ずっと外に立って**困って**いやしないか」と、(私は)竹の戸を開けて(去った後を)見返したが、

跡 とむ べく も あら ず。魂合へ る 友 を、あるじ も せ で 帰し たる 心地 なん せ

(Aの)行方を探せるはずもない。**心が通じ合っている**友人を、(何の)もてなしもしないで帰してしまった気持ちがしてし

らる。(ウ) さて ある べく も あら ね ば、入り て、「うづみ おき し 火 や ある」と、

まう。**いつまでもそうして**いても仕方がないので、(家の中に)入って、「埋めておいた火はあるか」と、(残った灰を)

□★★★**かくる【隠る】** 動ラ四/ラ下二
①死ぬ・亡くなる ②隠れる

□★★★**ならふ《う》【慣らふ・習ふ】** 動ハ四
①慣れる・慣れ親しむ ②学ぶ

□★★**あし【悪し】** 形シク
①悪い ②憎い・不快だ

□**いざなふ【誘ふ】** 動ハ四
①誘う ②連れて行く

□★★**よし【良し】** 形ク
①とても良い ②身分が高い

□**をこなり【痴なり・烏滸なり・尾籠なり】** 形動ナリ
①ばかげている
※「をこ」はこの語幹

□★★**ありく【歩く】** 動カ四
①歩きまわる ②ずっと…する・あちこちで…する

□**おにおにし【鬼々し】** 形シク
①荒々しい ②鬼のようである

□★★**わぶ【侘ぶ】** 動バ上二
①…しかねる ②気弱になる ③困る

□**たまあふ【魂合ふ】** 動ハ四
①心が通じ合う

□★★★**さて** 副/接
①そのまま ②そこで・さて

□★★★**さすがに** 副
①とはいっても・やはり

かいまさぐる。そのあたりは、さすがに腹や寒かりけん、櫃の底、名残なう

かき混ぜてみる。そのあたりは、とはいってもやはり（Aは）空腹であったのであろう、おひつの底は、一粒残らず

食らひはてて帰りしなり。「程よきものなどありたらば、心ゆかせて帰さん

完全に平らげて帰ったのであった。「もし何か適当なものなどがあったならば、（ごちそうして）満足させて帰そう

ものを」と、竈くゆらせつつ思ふは、をかしのけさの寝覚めなりけり。

ものを」と、かまどに煙を立ちのぼらせながら思うのは、趣がある今朝の寝覚めであることよ。

□★★こころゆく【心行く】動カ四
①満足する ②気が晴れる

□★★★をかし【招かし】形シク
①趣がある ②かわいい
③妙だ

❹…「べし」の後に体言や助詞が続くと当然の意味になることが多い。この場合は可能の意味でも可。

5

❹ 解答・解説

問１ 答 (ア) ④ どこから入ってきたのであろうかと (イ) ④ 明日の食べ物にも事欠き、どのようにして生きていくのであろうか (ウ) ① いつまでもそうしていても仕方がないので

問１は、傍線部の解釈を選択肢から選ぶ問題。

(ア)は、次のように単語分けされる。

いづかた〔代名〕／より〔格助〕《起点》／に〔断定[用]〕／や〔係助〕《疑問》

「いづかた【何方】」は「どちら・どこ」の意味をもつ代名詞。「にや」や「にか」の後には「あらむ」などの表現が省略されている。これを結びの省略という（☞23頁）。正解は④。

なぜ？ 現代でも「彼は天才では（ないだろうか）。」などと最後の言葉をよく省略するように、古文でも**言わなくてもわかる**表現はよく省略される。「にや」「にか」の後には、ラ変動詞「あり」の未然形に推量の助動詞「む」の連体形が付いた「あらむ」などの表現が（言わなくてもわかるので）よく省略される。なお、同様に、「…とぞ」「…となむ」の後には、「言ふ・聞く・見ゆる」のような表現が省略される場合がある。

(イ)は、次のように単語分けされる。

あす〔名〕／の〔格助〕《連体格》／煙〔名〕／は〔係助〕《強意》／何〔名〕／を〔格助〕／たより〔名〕／に〔格助〕《対象》／と〔格助〕《引用》／や〔係助〕《疑問》

ここでは「煙」と「たより」の解釈がポイント。傍線部(イ)の前文「銭金のあらぬのみかは、米だに一升《しょう》だにもあらで、」という文脈をふまえて考えること。

「煙」は、炊事をするときに出る煙から転じて、食事をすることを表す比喩表現[※1]。

「たより【頼り・便り】」は「機会・ついで／縁故・よりどころ／手紙・音信」のように訳す多義語であるが、ここでは「よりどころ」の意味が最適。なお、ここでも結びの省略があり（☞23頁）、「とや」の直後には同じく「あらむ」のような言葉が省略されている。「**明日の食事は何をよりどころとするのだろうか**」などと解釈するのが最も適当なので、正解は④である。

(ウ)は、次のように単語分けされる。

さて〔副〕／ある〔ラ変[体]〕／べく〔当然[用]〕／も〔係助〕《強意》／あら〔ラ変[未]〕／ね〔打消[已]〕／ば〔接助〕《原因》、

「さて」は「そのまま・そこで」と訳すため、「さてあり」

※1…「煙」の比喩表現としては、ほかに火葬や恋心などを指し示すケースもある。

で「そのままでいる」と訳す。助動詞「べし」は、下に体言や助詞が続いた場合、**当然**（…はずだ・…べきだ）の意味になりやすい。可能（…できる）の意味でも可。「ば」は接続助詞で、「已然形＋ば、」は主に原因・理由（…ので）を表す。

戸を開けて外を見たが、盗人の行方を探せそうもなく、**「そのままでいるべきでもないので」**と思って家に入ったという文脈なので、最も適当な解釈は①である。

問2（答 ⑤ **柳葛籠の中にめぼしい物があれば盗んでいったろうに、盗むに値する物がないほど貧しいと盗人に呆れられたと思ったから。**）

傍線部の解釈は、傍線部の前後に解答の根拠が記されていることが多い。傍線部Aの前には「柳葛籠の一つあるを開けて、なれ衣一重二重あばき散らしつつ、物はありやとさぐりつらん。」とあり、傍線部Aの直後には、「何も何もありしままなるは、彼にだにあなづらるる事のいと口惜し。」とあることに注意する。

これは、盗人が衣類の入っている籠を開け散らかしたのに、（価値がないと思って）何も盗んでいかなかったことで、盗人にさえ自分の貧しさを見下されて情けないという筆者の心情を表している。よって、⑤が正解。

問3（答 ③ **他の家から盗んだ物でもあれば庵の主に与えたいが、たまたま何も持ち合わせがないのは、主にとっては不運なことだ。**）

傍線部Bの前半「外の家にて取り来たる物**だに**あらば得させんを、」にある副助詞「だに」は、希望の最小（せめて…だけでも）と類推（…さえ）の用法がある。「だに」の下に願望・仮定・命令・意志の表現があれば、希望の最小の用法だと判断できる。ここでは、意志の助動詞「**ん**（む）」があるため、「だに」は**希望の最小**の意味。続く「あらば」は、「未然形＋ば」の形なので、順接の仮定条件（〔もし〕…ならば）を表す。したがって、合わせて「せめて…だけでもあれば」のように訳す（48頁）。

傍線部Bの後半「我が手の**むなしき**はあるじが幸ひなきなり」にある「むなしき」は、「何もない・わびしい」などと訳す形容詞「むなし【空し】」の連体形。盗人の手には何も持ち合わせがないことを表している。「あるじ」はこの家の主人、「幸い」は「幸福・幸運」の意味で、それが無い（＝不運である）ということ。最も適当な解釈は③である。

問4（答②　はじめに詠んだのは庵の主で、夜雨の中で時鳥の初音を待っているという意味で詠んだ。続きを詠んだのは盗人で、自分が夜雨に紛れて忍び歩くという意味にもとっている。）

傍線部C「深き夜の雨にまどへる忍び音を」の後に「我、これにつづけん。」（訳：私が、この歌に続けよう。）と下の句を詠んでいる箇所に注目。これは盗人が書いた手紙（＝字下げで表記されている）の文なので、「我」は盗人自身を指している。したがって、「はじめに詠んだのは庵の主」が正しく、この時点で選択肢④・⑤・⑥は消える。

次のポイントは「忍び音」の解釈。当時、まだ本格的な季節ではない初夏に、ホトトギスが声を抑えたように鳴く声を「忍び音」と言い、非常に風情のあるものとされていた。「深き夜の雨にまどへる忍び音を」とは、ホトトギスの忍び声を聞いたように思ったが、夜中の雨音のせいで確信がもてないというように詠んだ**筆者の句**である。

筆者は上の句を詠んだが、まだ下の句をつけてはいなかった。そこで盗人は「やよほととぎすふた声は鳴け」という下の句を付けたわけである。もう一度鳴いたなら、本当にホトトギスの声であると確信がもてるから、二度鳴いてくれないかという意味である。

筆者の上の句にある「忍び音」について、盗人は「忍び音と詠めるこそ、我夜に隠れてあぶれ歩くをいふよ。」と記している。つまり、筆者の詠んだ「忍び音」は、ホトトギスの初音という意味だけでなく、盗人である自分が闇夜に忍んでさまよい歩く様子もかけられているのだよと、機知に富んだ返答を残しているわけである。

よって、この文脈と解釈に最も適当な選択肢は②である。

問５（答　④・⑥）

二つの文章を比較した説明として**適切でない**選択肢を二つ選ぶ問題。**【本文】**と**【文章】**の主人と盗人の言動を整理すると、左の表のようにまとめることができる。表の内容と一致するか否か、一つ一つ、選択肢の一言一句を精査していくこと。

文章	主人	盗人
【本文】	日記のように、一人称（私）の目線で記されている。目覚めると盗人が入ったことに気づくも、命が無事であったことに感謝する。盗人の残した文中にある下の句に情趣を感じ、親近感を抱く。	盗みに入ったが、筆者の貧しい生活を見て同情し、筆者の詠んだ上の句に下の句を付けて何も盗まずに帰った。
【文章】	説話なので主人は登場人物の一人。盗人が入ったのを目撃し、空腹が満たされた盗人が盗品を返し、立ち去ろうとするのをとらえる。そこで主人は盗人に感動と憐れみを覚え、物を贈り、以後困窮したときは訪ねてくるようにと話す。	盗みに入ったが、空腹が満たされると、悪行を反省し、盗んだものをすべて返却し帰ろうとする。主人が憐れみをかけた以後、主人のもとにたびたび訪れるようになる。

①＝○…二つの文章で会話の方法が異なっていることが表されており、文の内容とも合っている。

②＝○…盗人が何も盗まなかった理由が対比されており、内容とも合っている。

③＝○…二つの文章で憐れみの対象が異なっていることが表されており、内容とも合っている。

④＝×…夢から目覚めた後、盗人の侵入に気づくという内容は正しいが、「主人の夢の中での出来事」ではないため不適当。

⑤＝○…**【本文】**の、風情のある盗人に対する親近感と、**【文章】**の、本当は良心のある盗人への感動の記述は本文中にある。

⑥＝×…「自分を殺さずに生かしてくれた盗人に対する感謝を中心にした話」が主題として不適当。

したがって、**【本文】**と**【文章】**についての説明として適当でない選択肢は④と⑥である。

【文章】の現代語訳　ある所に盗人が入ったのだった。主人が(気づいて)起きて、(盗人が)帰ろうとするところをひっ捕まえようと思って、逃げ道を待ち準備をして、障子の破れたところから覗いていたところ、盗人は、色々なものを少しだけ盗んで、袋に入れて、すべてを取らず、ほんの少しを盗んで帰ろうとするが、(主人が)下げた棚の上の鉢に灰を入れて置いたが、この盗人はどのように思ったのだろうか、掴んで食べた後、袋に入れた物を、もとのように置いて帰ったのであった。(主人は)もともと待ち準備をしていたことなので、(盗人を)押し倒して捕縛したのであった。(主人は)この盗人の行いを理解するのが難しくて、その理由を尋ねたところ、盗人が言うことには、「私はもともと盗みを働く気持ちはございません。この一、二日、食べ物がなくなってどうしようもなくひもじくなりましたので、初めてこのような悪心が起こって、(私は)ここに参ったのです。そのようだけれども、あなた様の家の棚に『麦の粉であろうか』と思われるものが手に触りましたのを、ひたすら食べたいと思うにまかせて、掴んで食べておりましたが、はじめはあまりにも空腹である口のために、食べているものが何とも判断することができません。何度も食べているうちに、初めて(それが)灰であったのだと知られて、その後は食べなくなりました。食べ物でないものを食べてはおりますが、これを腹に食べ入れましたところ、食欲がおさまったのです。このことを思うと、『この空腹に我慢できないからこそ、このような悪心もついてしまってございましたので、灰などを食べても簡単に治ってしまうのでございます』と思いましたので、盗んだものをもとのように置いておきましたのです」と言ったところ、(主人は)しみじみとした趣があるとも不思議にも思われて、形ばかりの蓄えなどをとらせて帰して送ったのであった。(主人は)「後々にも、これほどに困ったようなときは、遠慮せずやって来て話すのだよ」と言うと、(盗人は)ずっと訪問したのであった。盗人も、この悪心を改めた心にはしみじみと心惹かれる。家の主人の哀れみの心は、また本当にすぐれたものだった。

⑤ 作品紹介

本文の筆者（主）である上田秋成は、江戸時代中期に活躍した国学者、歌人、読本作家です。多芸多才の持ち主であった文人とも言えるでしょう。今回の『盗人入りし後』が実話か虚構かは別として、この作品からはどこか「おかしみ」を感じます。読解のポイントでも述べたように、盗人の心には優しさがあります。それを秋成は、古語の「やさし【優し】」の意味である「優美だ・思いやりがある」の両義を巧みに用いて人間の心を描いています。紫式部の「あはれ」の文学や清少納言の「をかし」の文学とは違い、秋成流の「あはれ」かつ「をかし」の体現をしていると考えられるのではないでしょうか。

【文章】の『古今著聞集』は、鎌倉中期に成立した橘成季が編者の説話集。現在では、『宇治拾遺物語』、『十訓抄』と共に、日本三大説話集として知られています。平安時代中期から鎌倉時代初期までの説話約七百話が、神祇・釈教・政道忠臣など三十編にまとめられており、まるで百科事典のような働きをしています。主に平安時代が舞台の話が多く、貴族文化に憧れを抱きながらも平俗な話題にも多数触れているような説話が収録されていることが特徴的です。今回の話は「偸盗」という分類の中にある『強盗空腹のあまり灰を喰いて悪心を翻す事』から出題されています。

第6回 解説 EXPLANATION

共通テスト実戦演習⑥
男女関係の常識を深め、挿入された和歌を考察する

語数
655語
得点
/50点
問題編
P.44
古文音声

❶ 読解のポイント

入試問題でも恋物語はよく見られますが、何の障害もなくすんなりと主人公たちが結ばれるお話はほぼないでしょう。そして、その恋の妨げとなる要因は現在とは異なることも多いので、そのパターンといったようなものを理解しておくと読解に役立ちます。

今回の物語のように、「恋人に身分を隠して付き合う」「好きな人はほかにいるのに、親が薦める人と結婚してしまう」「結婚後も以前の恋人を思慕し続ける」ということは、複数の恋物語に共通して見られる設定です。

〈あらすじ〉 宮（兵部卿の宮）は、忽然《こつぜん》と消えた恋人（按察使の君）を、右大臣の姫君と結婚した後も思い続けている。その恋人は偶然にも右大臣の姫君のもとに出仕していた。按察使の君は、姫君の夫である宮がかつての恋人であると気づき、苦悩して正体をひた隠しにする。そんな折、按察使の君は、姫君との戯れに書いた自分の筆跡を宮に見られ、正体を悟られてしまう。

❷ 登場人物

A **兵部卿の宮**…中将と名乗りBと交際していた。Bが姿を消してからCと結婚するが、Bを恋慕し続けている。**尊敬語**（または「せ給ふ」などの**二重敬語**）が用いられている。「宮」は「皇居・神社」などの意味のほか、「皇族に対する尊称」として用いられる。

B **按察使の君**…かつてのAの恋人。Aのもとから姿を消し、Cに仕えている。

C **右大臣の姫君**…Aと結婚する。Bの女主人。Bのことを気に入り、側に置いている。**尊敬語**（または「せ給ふ」などの**二重敬語**）が用いられている。

D **侍従**…Bの乳母の娘。Bのもとに仕えている。Aのことを知る人物。

E **蔵人**…Aの乳母の子ども。ずっとAに仕えている。

尊敬語が用いられているのはAとCのみであることに注目し、主語を補足していくこと。

❸ 全文解釈

（重要語／助動詞／接続助詞／尊敬語／謙譲語／丁寧語）

1

かくて過ぎゆくほど、御心のこれに移るとはなけれど、おのづから慰むかたもあるにや、昼なども折々は渡らせ給うて、碁打ち、偏継ぎなど、さまざまの御遊びどもあれば、按察使の君は宮の御姿をつくづくと見るに、かの夜な夜なの月影に、さだかにはあらねど見し人に違ふところなければ、「世にはかかるまで通ひたる人に似たる人もあるにや」と思ふに、見慣るるままには、物のたまふ声、けはひ、様体、みなその人なれば、あまり心ひとつに思ふも心もとなくて、侍従にしかじかと語り給へば、「さればよ、我もいと不思議なることども侍り。かのたびたびの御供に候ひし蔵人とかや言ひし人、

こうして時がすぎゆく間、（Aの❶）御心が（Bから）姫君に心変わりすることはないが、自然に心が癒されることもあるのだろうか、（Aは❶）昼などもその都度（Cのもとに）いらして、碁打ちや、漢字の偏継ぎなど、様々な遊びなどをなさるので、按察使の君は宮のお姿をしみじみと見ると、（Aの姿は）あの（昔の）毎晩毎晩月明かりのもとで、はっきりとではないけれども昔見た人と異なるところがないので、（Bは）「世間にはこれほどまで通っていた人に似ている人もいるのか」と思うが、見馴れるにつれて、何かおっしゃるその声、雰囲気、姿、すべてその本人であるので、（Bは）ひたすら自分の心の中だけで悩んでいるのも気がかりで、侍従にこれこれと（思うところを）語ったところ、（Dは）「やっぱり、私も大変不審に思うことなどがございます。あの（昔の）たびたび（Aの）お供にお仕えしていた蔵人とか名乗った人が、

単語・文法・解説

- うつる【移る】動ラ四　①心変わりする　②色あせる・盛りが過ぎる
- おのづから【自ら】副　①たまたま　②ひょっとして・もしも〈↓仮定〉　③自然と
- けは《ワ》ひ《イ》【気配】名　①様子・雰囲気　②態度
- こころもとなし【心許無し】形ク　①じれったい　②気がかりだ
- さればよ【然ればよ】連語　①やっぱり　②はたして

❶…「御心」や「渡らせ給うて」のように尊敬語（二重敬語）が使われているため、この主語は飛び抜けて高貴なA（宮）だと判断できる。

❷…「…にや／…とぞ」は係り結びが省略された形。これを結びの省略という。（23頁）。

ここに候ひて、ことさら『宮の御乳母子なり』とて、人もおろかならず思ふさまなり。昨日も内裏へ参らせ給ふとて、出でさせ給ふを見侍ればたびたびの御文もて往にたる御随身も、『御前駆追ふ』とて忙はしげなるさまにて候ひしは、かの中将は仮の御名にて、宮にてぞおはしましけんや」と。

こちらにもお仕えして、(人々が)ことに『(Eは)宮様の乳母子である』と言って、(周囲の)人も並一通りでなく思っている様子である。昨日も(Aが)宮中へ参上なさろうとして、お出ましになるご様子を(私が)見ますと、(昔)たびたびお手紙をもって行ってしまった随身も、『先払いをする』と言って忙しそうなご様子でありましたのは、あの(以前に名乗っていた)中将は仮のお名前であって、(本当は)宮でいらっしゃったのでは」と(言う)。

いとど恥づかしく悲しくて、「さもあらば見つけられ奉りたらん時、いかがはせん。跡はかなく聞かれんとこそ思ひしを、かかるさまにて見え奉らん、いと恥づかしきことにも」と、今さら苦しければ、宮おはします時はかしこうすべりつつ見え奉らじとすまふを、「人もいかなることにかと見とがめんか」と、これも苦しう、「とてもかくても思ひは絶えぬ身なりけり」と思ふ❸

(Bは)ますます恥ずかしく悲しくて、「それならば見つけられ申し上げたようなとき、どうしようか。(私はAに)行方はわからないと聞かれようと思ったけれど、このような状態でお目見え申し上げるのは、非常に恥ずかしいことにも(なるのではないか)」と、今更ながら気づまりなので、宮がいらっしゃるときはうまくそっと退出しながらお目見え申し上げまいと辞退するが、(Bは)「ほかの人もどのようなことであるのかと見て怪しむだろうか」と、これまた気づまりで、「いずれにしても悩みの絶えない我が身であることよ」と思う

□おろかならず【疎かならず・愚かならず】連語
①並一通りでない

□だいり【内裏】名
①内裏(宮中) ②天皇 ③内心

□さきおふ【前(駆)追ふ】動ハ四
①先払いをする(貴人の外出時、行列の先頭で邪魔な人々を追い払うこと)

□★★★いとど 副
①ますます ②そのうえさらに

□あとはかなし【跡はかなし】形ク
①行方がわからない ②頼りない・心細い

□すべる【滑る・辷る】動ラ四
①すべる ②そっと退出する

□★★すまふ《ウ》【辞ふ・争ふ】動ハ四
①辞退する ②抵抗する

□とがむ【咎む】動マ下二
①怪しむ ②非難する ③問いただす

❸…「けり」には**過去**と**詠嘆(気づき)**の用法がある。「 」の中や和歌の中にある「けり」は基本的には**詠嘆(…だなあ・…なことよ)**の用法である。

3

には、例の、涙ぞまづこぼれぬる。

にけても、いつものように、涙がまずこぼれてしまった。

ある昼つかた、いとしめやかにて、「宮も今朝より内裏におはしましぬ」と言ひて、人々、御前にてうちとけつつ、戯れ遊び給ふ。姫君は寄り臥し、御手習ひ、絵など書きすさみ給うて、按察使の君にもその同じ紙に書かせ給ふ。さまざまの絵など書きすさみたる中に、籬に菊など書き給うて、「これはいとわろしかし」とて、持たせ給へる筆にて墨をいと濃う塗らせ給へば、按察使の君、にほひやかにうち笑ひて、その傍らに、

ある昼ごろ、大変静かで、「宮も今朝から（この邸ではなく）宮中にいらっしゃった」と言って、人々は、姫君の前で慣れ親しみながら、遊びなさる。姫君は物に寄りかかって、お手習いや、絵などをなんとなく描きなさって、按察使の君にも自らの書いた紙と同じ紙に書かせなさる。様々の絵などをなんとなく描いたその中に、（Cは）まがきの中に菊などを描きなさって、「これはとても下手だね」とおっしゃって、もっていらっしゃった筆で（絵に）墨で大変濃く塗りつぶしなさったところ、按察使の君は、華やかに美しくちょっと笑って、その（菊の絵の）傍らに、

X　初霜も置きあへぬものを白菊の早くもうつる色を見すらん

初霜もまだ降りていないのに、白菊は早くも色あせた姿を見せているようだ。

と、いと小さく書き付け侍るを、姫君もほほ笑み給ひつつ御覧ず。

と、大変小さく書き付けましたところ、姫君もちょっとお笑いなさってご覧になっている。

★★ うちとく【打ち解く】動カ下二
①油断する ②慣れ親しむ・くつろぐ

★★ わろし【悪し】形ク
①良くない ②下手だ

にほ《オイ》ひやかなり【匂ひやかなり】形動ナリ
①華やかで美しい

★★★ うつる【移る】動ラ四
①心変わりする
②色あせる・盛りが過ぎる

6

4

をりふし、宮は音もなく入らせ給ふに、御硯なども取り隠すべきひまさへ

ちょうどそのとき、宮が音もさせずお入りになられたので、（人々は）硯なども取り隠すことのできる時間のゆとりさえ

なく、みなすべりぬるに、姫君もまぎらはしに扇をまさぐりつつ寄りゐ給ふ。

なく、皆隠れてしまったので、姫君も顔を隠すために扇を（懐中から）まさぐりながら端に寄っていらっしゃる。

按察使の君は、人より異にいたう苦しくて、御几帳の後ろよりすべり出でぬるを、（いかがおぼしけむ）、しばし見やらせ給ひて、かの跡はかなく見なし給ふ人のこと、ふと思し出でつつ恋しければ、過ぎにしことども繰り返し思ほし出でつつ寄り臥させ給ふに、御硯の開きたる、引き寄せさせ給へば、ありし御手習ひの、硯の下より出でたるを取りて見給ふに、姫君はいと恥づかしくて顔うち赤めつつ、傍らそむき給ふさま、(イ)いとよしよししくにほひやかなり。

按察使の君は、他の人よりいっそうひどく気づまりで、几帳の後ろからそっと退出してしまったが、（Aは）どうお思いになったのか、（Bを）しばらくじっと見つめなさって、あの行方がわからないとお思いになっている人のことを、ふと思い出しながら恋しく思うので、過ぎ去ってしまった昔の事ごとを繰り返し思い出しながら端に寄り横たわりになると、硯が開いているのを、近くに引き寄せなさったところ、さっきの書き流した紙で、硯の下から出ているのを手に取ってご覧になるので、姫君は大変恥ずかしく思って顔をちょっと赤らめながら、横を向いていらっしゃる様子は、実に上品で輝くような美しさである。

□ひま【隙】名
①隙間 ②絶え間 ③不仲 ④時間のゆとり

□けに【異に】副
①いっそう ②特に

□はづかし【恥づかし】形シク
①恥ずかしい ②立派だ

□あかむ【赤む】動マ四／マ下二
①赤くなる ②（顔を）赤らめる

□よしよし【由由し】形シク
①由緒ありげで奥ゆかしい・いかにも風情がある

□にほひ《オイ》やかなり【匂ひやかなり】形動ナリ
①つやがあって美しいさま

5

宮A つくづくと御覧ずるに、白菊の歌書きたる筆は、ただいま思ほし出でし

宮がじっとご覧になると、白菊の歌を書いた筆跡は、たった今思い出しになさった人

人の、「草の庵」と書き捨てたるに紛うべうもあらぬが、いと心もとなくて、

が、（別れ際に）「草の庵」と書き残した筆跡と間違えるはずもないのであるが、（Aは）大変気がかりで、

「さまざまなる筆どもかな。誰々ならん」など、ことなしびに問はせ給へど、

「様々に書かれた筆跡だなあ。書いたのは誰だろうか」など、何気ないふりをしてお尋ねになったが、

(ウ)うちそばみおはするを、小さき童女の御前に候ひしを、「この絵は誰が

（Cが）ちょっと横を向いていらっしゃるので、少女が姫君のお前にお仕えしていたが、（Aが少女に）「この絵は誰が

書きたるぞ。ありのままに言ひなば、いとおもしろく我も書きて見せなん」

書いたのか。ありのままに話したならば、たいそう趣深く私も書いて見せよう」

とすかし給へば、「この菊は御前C なん書かせ給ふ。『いと悪し』とて書き消さ

とおだてなさるので、（少女は）「この菊の絵は姫君がお書きになったものです。（Cが）『とても（出来が）良くない』と言って書

せ給へば、わびて、按察使B の君、この歌を書き添へ給うつ」と語り聞こゆれ

き消しなさると、困って、按察使の君が、この歌を書き添えなさいました」と語り申し上げる

ば、姫君C は「いと差し過ぎたり」と、B 恥ぢらひおはす。

と、姫君は「大変差し出がましすぎますよ」と、恥ずかしがっていらっしゃる。

□そばむ【側む】動マ四
①横を向く ②知らないふりをする

□ことなしび【事無しび】名
①何気ないふり
※「ことなしびに」の形で副詞的に使うことが多い。

□★★★おもしろし【面白し】形ク
①風情がある・趣深い

□すかす【賺す】動サ四
①だます・だまして誘う ②おだてる ③なだめる

□★★わぶ【侘ぶ】動バ上二
①…しかねる ②気弱になる ③困る

6

❹ 解答・解説

問1 (答)(ア)④ 並一通りでなく思っている様子だ　(イ)③ 実に上品で、輝くような美しさである　(ウ)② ちょっと横を向いていらっしゃる)

似たような意味の選択肢が並んでいる場合迷いやすいが、傍線部を単語分けして、一つずつ意味を取っていけば自ずから答えは絞られる。

(ア)は、次のように単語分けされる。

おろかなら《ナリ[未]》／ず《打消[体]》／思ふ《四[体]》／さま《名》／なり《断定[終]》

「思ふ／さま／なり」の解釈は「思っている様子だ」はすべての選択肢で共通なので、「おろかならず」の解釈がポイント。「おろかなり【疎かなり】」は、「いいかげんだ・愚かだ」という意味。打消の助動詞「ず」が付くことで、「いいかげんではない＝並一通りでない」という意味になる。

ここでは、宮にお仕えしている「蔵人」が、右大臣邸において「宮の乳母子」と言われ人々に一目置かれているという文脈。

よって、正解は④である。

(イ)は、次のように単語分けされる。

いと《副》／よしよししく《シク[用]》／にほひやかなり《ナリ[終]》

「よしよしし【由由し】」は、「由緒ありげである・風情がある」という意味。重要語である「よしなし【由無し】」(訳：つまらない・風情がない)を覚えていると意味を推測しやすい。「にほひやかなり」は、名詞「にほひ【匂ひ】」(訳：美しさ・良い香り)に「-やか」(訳：〜の感じ)という接尾語が付いてできた形容動詞で、「つやがあって美しいさま」を表す。現代語のように「良い香りが漂っている」という意味ではないの注意。

傍線部(イ)の直前に「姫君はいと恥づかしくて顔うち赤めつつ、傍らそむき給ふ**さま、**」とあり、下手な絵を夫である兵部卿の宮に見られて恥ずかしがっている右大臣家の姫君の美しい**様子**を表している文脈なので、最も適当な解釈は③である。

(ウ)は、次のように単語分けされる。

うち接頭／**そばみ**上二[用]／**おはする**サ変[体]

「うち－」は「ちょっと・ふと／勢い良く」などと訳す接頭語。「そばむ【側む】」は「横を向く」などの意味。この単語の解釈がポイント。

「おはする」は「いらっしゃる」と訳す尊敬語「おはす」の連体形。尊敬語が使われているのは「宮」と「姫君」のみ。傍線部直前の「『さまざまなる筆どもかな。誰々ならん』など、ことなしびに問はせ給へど、」は、宮が菊の絵に添えられた歌の詠み手を尋ねた場面。その質問を受けての行動なので、(ウ)は「姫君」の行動だとわかる。

下手な絵を宮に見られて恥ずかしがっている姫君の様子を表している文脈なので、正解は②である。

問2（答 ① **宮に自分の存在を知られないよう気を遣いながら、女房たちに不審がられないよう取り繕わなければならないこと。**）

前書きにあるように、按察使の君は、恋人であった宮の前から姿を消し、宮と結婚した右大臣家の姫君に仕えているという設定をふまえて考える。

傍線部Aにおける按察使の君の心情を考察する問いであるが、心情を考察する設問は、傍線部の**前**にある**心中表現文（心中思惟）**がヒントとなるケースが多い（☞109頁）。

第二段落にある「さもあらば… いと恥づかしきことにも」が一つ目の心中表現文。行方知れずのまま別れた宮に自分を見つけられたくないという、按察使の君の心情が示されている。

また、その後にある「人もいかなることにかと見とがめんか」が二つ目の心中表現文。右大臣家の姫君に仕えていながら、宮に気づかれないように不自然に行動するのは、まわりの人が不審がるのではないかという、按察使の君の危惧が示されている。これらをふまえると、すべてが内容と合致するのは①のみである。

6

問3（答④ 配慮を欠いた童女のおしゃべりのせいで、自分たちのたわいもない遊びの子細を宮に知られて恥ずかしく思っている。）

傍線部Bの直前にある、「姫君は『いと差し過ぎたり』と」の箇所に着目し、童女をなぜたしなめているのか考えると答えが出る。右大臣家の姫君は、童女のおしゃべりによって、宮に菊の花の顛末を知られてしまったことを恥ずかしがっているのである。よって、正解は④。ほかの選択肢は、本文に書かれておらず、文脈にも合わない。選択肢を選ぶ際には、本文中にその根拠となる記述があるかどうか、丁寧に確かめるとよい。

問4（答①・⑤）

本文全体の内容を理解していることが求められる設問であるが、解答の出し方はほかの解釈問題と同じ。本文中に根拠があるかどうかを丁寧に見ていき、消去法で答えを絞り込んでいくこと。基本的に、全文解釈にあるとおり、主語や目的語、重要古語や文法をしっかりとおさえながら正しく解釈できれば、自ずと答えは導かれる。この問いでは、兵部卿の宮・右大臣家の姫君・按察使の君の境遇や心情について本文と照らし合わせながら判断していくとよい。

問5（答③）

和歌Xの説明として正しいものを選ぶ内容一致問題。ポイントとなるのは、和歌X中の動詞「うつる【移る】」（訳：心移りする／色あせる）を、どちらの意味で取るかという点である。

和歌Xは、姫君と按察使の君が和やかに談笑している場面で詠まれた歌なので、「うつる」を「心移りする」と訳して、深刻な解釈をすることは相応しくない。「白菊」が「色あせる」と解釈するのが適切なので、最も適当な解釈は③である。④は「白菊を黒い色に塗り替えた姫君の工夫」が不適当。下手に描いてしまった失敗作なので、姫君は白菊を黒く塗り潰したのである。

ちなみに、和歌Zにある

「野風を寒み」は、「…を＋形容詞語幹＋み」の形で、「～が…ので」という原因・理由を表す重要表現である。

⑤ 作品紹介

『兵部卿物語』は、鎌倉時代後期に成立した作者不詳の物語。主人公の兵部卿の宮と按察使の君との悲恋物語です。自分のもとから忽然と姿を消した按察使の君のことを忘れられない宮ではありましたが、右大臣家の姫君との政略結婚に至ります。しかし、偶然にもその姫君に女房として仕えていたのが、かつての恋人である按察使の君なのでした。

宮には正体を悟られまいとする按察使の君ですが、何気なく書いた筆跡によって宮に気づかれてしまいます。当時の女性は自分の姿を隠していますから、筆跡や声や奏でる琴の音色、焚《た》きしめた香などで本人であることに気づかれてしまうというような筋書きになりやすいですね。

その後、二人は再会し、忍び逢う関係になります。しかし、悩んだ末、再び宮のもとから姿を消した彼女は、嵯峨野に逃げ、尼になってしまいます。『源氏物語』の強い影響下にある擬古物語ですね。

第7回

解説
EXPLANATION

共通テスト実戦演習⑦
古文におけるパロディの意義について理解する

語数
677語
得点
/50点
問題編
P.50
古文音声

❶読解のポイント

【文章Ⅰ】は【文章Ⅱ】のパロディと思われます。パロディとは、すでにある作品の特徴を真似して、面白みなどを加えて作り替えた作品のことをいいます。

古い物語は著述が簡素な傾向が強いので、登場人物の心情や背景について空想の余地がありました。そこで、後世、既存のものに脚色を加えた魅力的なパロディが数多く誕生したのです。

〈あらすじ〉

【文章Ⅰ】ある男が貴族の屋敷に仕える女と恋仲になり、落ち合う機会をうかがっている。落ち合った二人は新天地に旅立つ。道中、雨が降り雷が鳴り不穏な空気になるが、雨が上がり舟も順調に滑り出す。男は眼前の荒磯の松のごとく強く生きようと女に話す。

【文章Ⅱ】ある男が女を盗み出し、暗闇の中逃げていく。雷が鳴り、雨が降りしきる中、女をあばら家に隠し見張っていたところ、鬼が出現し女を一口で食べてしまう。後悔の念を悲しく詠う男であった。

❷登場人物

【文章Ⅰ】

A 男…上京の際に出入りする女（B）と恋仲になり、女と落ち合う約束をする。女と共に雨の一夜を過ごし、車と舟で新天地に向かう。

B 女…男（A）に惹かれ従いつつも、お仕えしている姫君のことが気にかかったり、将来に不安を抱いている。

【文章Ⅱ】

C 男…女（D）にずっと求婚し続けており、女を盗み出し、鬼がいる場所とも知らないで雨の一夜を過ごす。鬼に女が食われ、泣いて悔恨の歌を詠む。

D 女…男（C）に連れられ、あばら家で一夜を過ごす。夜明け前に鬼に食われてしまう。女のあげた悲鳴は雷鳴にかき消されて男には聞こえなかった。

それぞれ登場人物が男と女しかいないため、両者の立場を考慮しながら読解すれば、主語の補足は難しくない。

1

❸ 全文解釈【文章Ⅰ】

（重要語／助動詞／接続助詞／尊敬語／謙譲語／丁寧語）

かくて なほ、その 夜 も 空しく て 明け ぬ。いと おぼつかなく 思ひ わび て、また

こうしてやはり、その夜もはかなく夜が明けた。（Aは）ますます（女のことが）**気がかりで**思い悩んで、また

人 やり つる に〈偶然〉、行き たがひ て、彼方 より 下仕へ の 女 を おこせ たり。今宵 も

使者を送ったところ、（使者同士が）行き違いになって、女の方から下仕えの女を**よこしてきた**。（その女が）今夜も

さはる よし 言へ ば〈原因〉、待つ かひ も なく、思ひしをれ たる に〈偶然〉、初夜 過ぐる ころ、A か

都合が悪いと言うので、（AはBを）待つかいもなく、しょんぼりしていると、初夜（午後八時頃）過ぎる頃、あ

の 女B まどひ 来 たり。さるは、こなた より の 消息 に、「今宵 さへ さはり あらむ は、

の女が**心を乱して**やってきた。というのは、男の方からの手紙に、「もし今夜まで**都合が悪い**と言うなら、

心 の ほど も おぼつかなし。今 は 立ち返る も、はしたなる 身 に なり ぬれ ば〈原因〉、この

（Bの）決心の程度も**疑わしい**。（家を出た）今となっては行き戻るのも、**中途半端な**身の上になってしまったので、この

まま に、いづちも いづちも 行き かくれ て、世 を も のがれ ぬ べし」など 言ひ つかは

まま、どこへなりとも行って隠れて、きっと俗世をも逃れてしまおう」などと（女に）言って遣わし

しつる に、驚き て、わりなく 忍び 出で ぬる なる べし。(ア)やがて 絶え入り て うつし

たので、（Bは）驚いて、**仕方がなく**内緒で出てきたのであろう。（Bは）**そのまま気を失って意識が**

心 なし。もの思ひ 騒ぎ て は、「例 も かうやうに 絶え入る 折々 あり と は 聞け ど〈逆接〉、

ない。（Aは）何かと思い騒いでは、「普段もこのように**気を失う**ことが時々あるとは聞いていたが、

単語・文法・解説

□★★ おぼつかなし【覚束なし】形ク
①気がかりだ ②はっきりしない ③不審だ・疑わしい

□★★ おこす【遣す】動サ四／サ下二
①よこす ②こちらに…する

□★★ さはる【障る】動ラ四
①邪魔される ②都合が悪くなる

□★★ まどふ【惑ふ・迷ふ】動ハ四
①迷う・心が乱れる ②ひどく…する〈補動〉

□ はしたなり【端なり】形動ナリ
①どちらともつかない ②中途半端だ

□★ わりなし【理無し】形ク
①道理に合わない ②つらい・苦しい ③仕方がない

□★★★ やがて【軈て】副
①すぐに ②そのまま

□ たえいる【絶え入る】動ラ四
①死ぬ・息が絶える ②気を失う

□ うつしごころ【現し心】名
①正気・平常心

今しもにはかにかかるさまなるをいかにせむ」と思ひ惑はれて、いみじうかな

❶今急にこのような状態であるのをどのようにしようか」と思い乱れて、非常に悲

しきに、神仏を念じつつ、つと抱き持ちて、湯など飲ませぬるに、からうじて

しいので、神仏に祈りながら、（Bを）じっと抱きかかえて、湯などを飲ませたところ、やっとのことで

いき出でぬるもまづいとうれし。やうやう心をしづめつつ、よろづのことども

息を吹き返したことがともかくも大変嬉しい。だんだん心を落ち着かせながら、多くのことを

語らふも夢のやうなり。いつしかとふけゆく秋の夜、軒もあらはなる草の庵

語らうのもまるで夢のようである。**いつのまにか**更けてゆく秋の夜に、軒も（外から）丸見えである粗末な家

の、戸口さへさながらなるに、さし入りし月影もいつしか雲隠れて、雨を

❷で、戸口までも**そのまま**（丸見え）である家に、さし込む月の光も**いつのまにか**雲に隠れて、雨を

さそへる秋風はた寒く、うちしめりゆく虫の声々いとあはれなり。

誘っている秋風も**これもまた**寒く、しんみりと鳴く虫の声は大変趣深い。

風わたる草のたもとにあらそひて露散りまがふ袖の上かな

風が吹き渡る（袖のような）草の上で争って露が散っているのかと見間違えるほど、涙が落ちる私の袖の上であることよ。

明けゆく軒の雨そそきも、いとわびしく降りしきるに、立ち出でむ空もなく

明け方の軒を雨が打つ音も、非常に**つらいほど**降り続き、出かけるような空模様でもない

て籠りをり。「人や見つけむ」と思ふもいと恐ろしきに、雷さへおどろおどろしう

ので引きこもっている。「ほかの人が（我々を）見つけるだろうか」と思うのも非常に恐ろしいのに、雷までも**気味悪く**

いみじ【忌みじ】形シク
①非常に・はなはだしい ②恐ろしい ③すばらしい

やうやう【漸う】副
①だんだん

いつしか【何時しか】副
①早く〈↔願望・意志〉
②いつのまにか・早くも
③早すぎる

さながら 副
①そのまま
②まるで〈↔比況〉
③全く〈↔打消〉

はた【将】副
①これもまた
②とはいうものの

わびし【侘し】形シク
①さびしい ②つらい

おどろおどろし【驚驚し】形シク
①大げさだ ②気味が悪い

❶…副助詞「し」は「強意」の意味で、係助詞「も」と共に文中で使用されることが多い。「し」は識別の問題で頻出なので注意（☞117頁）。

❷…「体言＋の、」の形である「の」は同格（☞23頁）。

鳴れば、またも「いかならむ」と女の心思ひやるに、我さへいと苦しくて、胸を

鳴るので、（Aは）またも「どうであろう」と女の心中を思いやっていると、自分までもが非常につらくて、胸を

押さへつつ、何くれと慰め暮らす。やうやう雨は晴れぬれど、風はなほ激しき

押さえながら、あれこれと気持ちをなだめて過ごす。**だんだん**雨は晴れたが、風はいまだ激しい

に、さすがに人目もはばかられて、たそかれ時よりぞ出で立ちける。あやしき車

ので、**とはいってもやはり**人目が気になって、夕方の薄暗い頃に出立した。みすぼらしい牛車

に乗りて行くに、女は、かねて心かはせるものから、かく思ひかけぬ道に

に乗っていくと、女は、（Aと）以前から心を通わせていたものの、このように思いがけない道中に

ゆくりなくあくがれ出でぬるが、さすがに悲しく、今さら宮のうち、姫君の御方

突然**さまよい**出てしまったのが、**とはいってもやはり**悲しく、今になって屋敷の様子や、姫君のこと

のみ恋ひしくて、よよと泣かれぬ。男は、年ごろの本意かなひて、雨の名残の

ばかりが恋しくて、**おいおい**と泣いてしまった。（その一方で）男は、長年の願いがかなって、雨のなごりの

いと悪しき道をたどり行く苦しさもかつは忘れつつ、ただ急ぎに急ぎて、夜中

非常に足場の悪い道をたどっていく苦しさも一方では忘れつつ、ただ急ぎに急いで、夜中

うち過ぐるころ、もとの渚に来着きて、ありし舟に移し乗するほど、さらに❸

を過ぎるころ、（Aが）もとやって来た渚に到着して、（Bを）以前（乗ってきた）船に移し乗せる間、**全く**（そ

知る人なし。やがてさし下すに、いととく過ぎ行くもうれしくおぼゆ。川尻を

の様子を）知る人はいない。**そのまま**（舟を川に）おろすと、非常に速く進んでいくのも嬉しく思われる。河口を

★★ □**あくがる【憧る】** 動ラ下二
①さまよい出る
②（心が）体から抜け出す・うわのそらになる

★★★ □**さすがに** 副
①とはいってもやはり

□よよと 副
①おいおい（と）
②たらたら（と）

★★★ □**さらに【更に】** 副
①全く〈↔打消〉
②そのうえ・新たに

❸…呼応の副詞「**さらに**」は打消語（ず・じ・まじ・で・**なし**）と呼応し、「**全く…ない**」と訳す。「おほかた」「つゆ」も同様の意味を表す呼応の副詞（➡113頁）。

離るれば、沖つ潮風荒ましう吹きて、波さへ高う立ち来るに、ならはぬ人は

離れたところ、沖の潮風が荒々しく吹いて、波までも高くわき起こってくるので、（船旅に）**慣れて**いない女

ましていと苦しげにて、いみじう思ひ惑へるさまの心苦しければ、もろともに衣

はなおさら非常に苦しそうで、**非常に**動転している様子が**気の毒**なので、一緒に衣を

ひきかづきてうちふしをり。我A が住む方もいつしか近づきぬる心地するに、

頭からかぶって横になっている。自分の住む場所も**いつのまにか**近づいたような気がするので、

明けゆく空の光に見れば、おもしろき入江のほとりを漕ぎ行く。渚に立てる

明けていく空の光の中で見たところ、（船は）**風情がある**入江のあたりを漕ぎ進んでいく。水辺に立っている

松どもの姿、梢にかかれる葛のさまなど、(イ)えもいはずをかしきを、「かれ見

多くの松の姿や、木の幹や枝先にかかっているつる草の様子など、**言いようもない**ほど風情があって、（Aは）「あれを

給へ。D種しあれば、かかる荒磯にも、生ひ出づる松はありけるものを」など

ご覧ください。種さえあれば、こんな荒波の立つ岩石が多い海岸にも、芽生えて成長する松もあったのだなあ」などと言

言ふに、女B も少し頭もたげたり。

うと、女も少し頭を持ち上げた。

❹ 全文解釈【文章Ⅱ】

（重要語／助動詞／接続助詞／尊敬語／謙譲語／丁寧語）

昔、男C ありけり。女D の、❶え得まじかりけるを、年を経てよばひわたりける

昔、男がいた。（高貴な）女で、自分のものにできそうもない女を、（Cは）何年もの間**求婚し**続けていた

単語・文法・解説

□ **ならふ**《う》【慣らふ・習ふ】動八四
①慣れる・慣れ親しむ ②学ぶ

□ **こころぐるし**【心苦し】形シク
①気の毒だ ②つらい

□ **おもしろし**【面白し】形ク
①風情がある・趣深い

□ **えもいはず**《わ》【えも言はず】連語
①何とも言いようがない

□ **よばふ**《う》【呼ばふ】動八四
①求婚する
②何度も呼ぶ・呼び続ける

を、からうじて盗み出でて、いと暗きに来けり。芥川といふ河を率て行きければ、草の上に置きたりける露を、「かれは何ぞ」となむ男に問ひける。

が、やっとのことで盗み出して、大変暗い中やってきたのであった。（CがDを）芥川という河に**引き連れて行った**ところ、（Dは）草の上に降りた露を（見て）、「あれは何なの」と男に尋ねた。

行く先多く、夜も更けにければ、鬼ある所とも知らで、神さへいといみじう鳴り、雨もいたう降りければ、あばらなる蔵に、女をば奥に押し入れて、男、弓、やなぐひを負ひて戸口に居り。はや夜も明けなむと思ひつつゐたりけるに、鬼はや一口に喰ひてけり。「あなや」と言ひけれど、神鳴る騒ぎにえ聞かざりけり。やうやう夜も明けゆくに見れば、率て来し女もなし。足ずりをして泣けどもかひなし。

行く先も遠く、夜も更けてしまったので、鬼の入る所とも知らないで、雷までもが大変**恐ろしく**鳴り、雨も激しく降ってきたので、粗末な蔵に、女を奥に押し込んで、男は、弓と、矢を差し入れる武具を背負って戸口にいる。（Cは）「**早く夜が明けてほしい**」と思いながらいたところ、鬼は**すでに**一口で（Dを）食べてしまった。（Dは）「ああっ」と言ったけれど、雷の鳴る騒がしさで（Cは）聞き取れなかった。だんだん夜も明けてゆく折に（Cが倉の中を）見たところ連れてきた女もいない。（Cは）じだんだを踏んで泣くけれどもどうにもならない。

白玉か何ぞと人の問ひし時露と答へて消えなましものを

（Dが）あれは白い玉か何ですかと尋ねたとき、あれは露だと答えて（この私が露のように）消えたらよかったのに。

□**ゐる【率る】** 動ワ上一
①引き連れる ②身につけて持つ

□**いみじ【忌みじ】** 形シク
①非常に・はなはだしい ②恐ろしい ③すばらしい

□はや【早】 副
①早く ②早くも・すでに

❶…呼応の副詞「え」は、打消語（**ず**・**じ**・**まじ**・**で**・**なし**）と呼応し、不可能（…できない）を表す（→113頁）。

❷…付属語の「**なむ**」は、「**未然形＋なむ**」なら**願望の終助詞**（→115頁）。

❸…助動詞「まし」は、「**せば、**／**ませば、**／**ましかば、**／**未然形＋ば、**」＋「まし」の形なら**反実仮想**、「**いかに**／**や**／**何**」＋「まし」の形なら**ためらい**、その他の形なら実現不可能な希望（…たらよいのに）の意味。

7

❺ 解答・解説

問1（答 (ア)③ そのまま気を失って意識がない (イ)③ 言いようもないほど風情があって (ウ)⑤ 早く夜が明けてほしい）

(ア)は、次のように単語分けされる。

やがて(副)／絶え入り(四[用])／て(接助)／うつし心(名)／なし(ク[終])

「やがて」は「すぐに・そのまま」と訳す頻出語。「絶え入る」は「息が絶える・気を失う」と訳す動詞で、「うつし心【現し心】」は「正気・平常心」などと訳す名詞であるが、どちらも頻度は低い単語なので、文脈を考えて解釈しなければならない。傍線部(ア)の後、(男は)思い乱れ、抱きかかえて湯などを飲ませたところ、やっと息を吹き返したという筋書き。傍線部(ア)は、女が動揺しながらやってきて、そのまま気を失って意識をなくしてしまったと解釈するのが最も適当なので、正解は③となる。

(イ)は、次のように単語分けされる。

えもいはず(連語)／をかしき(シク[体])／を

「えもいはず」は「何とも言いようがない」と訳す連語。「えならず」(訳：言葉にできないほどすばらしい・並大抵ではない)などと同じ慣用句。「をかし」は「趣がある・かわいい・妙だ」などと訳す形容詞であるが、前文の「渚に立てる松どもの姿、梢にかかれる葛のさまなど」の状態・様子を表しているので、「趣がある」の意味を取るのが適当。よって、正解は③である。

(ウ)は、次のように単語分けされる。

はや(副)／夜(名)／も(係助)／明け(下二[未])／なむ(終助《願望》)

「はや」は「(一刻も)早く／早くも・すでに」などと訳す副詞。「明け」は「(夜が)明ける」と訳すカ行**下二段**活用動詞「あく【明く】」の**未然形**であることに注意。「明け」を連用形と取ると、「なむ」は強意の助動詞「ぬ」の未然形(**な**)＋推量の助動詞「**む**」となり、「きっと夜も早く明けるだろう」とも訳すことに

なってしまう（☞115頁）。

不気味なあばら家で一夜を明かすことになってしまい、一刻も早く夜が明けてほしいと願う男の心中表現である文脈をふまえると、最も適当な解釈は⑤である。

問2（答④）

傍線部Aにおける該当者の動機を尋ねる問題。傍線部の解釈問題は、傍線部の前後を丹念にチェックする。文脈を把握しつつ、設問にもあるとおり「本文中で述べられているか否か」を一言一句精査すれば、自ずと正解は絞られる。

ここでは、直後の「さるは」に注目。「さるは」は「そうであるのは／そうではあるが」などと訳す接続詞。この本文の場合、「さるは」の後の「こなたよりの消息に、……驚きて、わりなく忍び出でぬるなるべし。」という部分に、女が慌ててやってきた理由が説明されている。

各文の主語・目的語をしっかりおさえながら文脈がつかめていれば、あとは本文で述べられていない選択肢を消していくだけ。この方法で導いていくと正解は④である。

問3（答⑤）

問2と同様に、傍線部B・Cにおける動機を尋ねる問題。焦る男の心情と土地を離れる女の気がかりを文脈から読み取ること。本文に見られない内容を整理し解いていくと、正解は⑤。

問4（答②）

設問にあるように、傍線部Dは『古今和歌集』の「種しあれば…」という歌の引用なので、この和歌の解釈が解答の根拠となる。

種（名）／し（副助《強意》）／あれ（ラ変［已］）／**ば**（接助《必然》）／岩（名）／に（格助）／も（係助）／松（名）／は（係助）／

生ひ（上二［用］）／に（完了［用］）／けり（詠嘆［終］）／恋ひ（上二［用］）／を（間助）／し（副助《強意》）／恋ひ（上二［未］）／**ば**（接助《仮定》）／

逢は（四［未］）／ざら（打消［未］）／め（推量［已］）／や（係助《反語》）／も（係助）

接続助詞「**ば**」は、已然形に接続する場合は「原因・理由（…ので）」か「偶然・必然（…すると）」を表す。一方、未然形に接続する場合は「順接の仮定条件（〔もし〕…ならば）」を表す。「こふ【恋ふ】」は、「恋する・心が引かれる」などと訳すハ行上二段活用動詞［ひ―ひ―ふ―ふる―ふれ―ひよ］

なので、「恋ひば」は「恋をしたならば」という仮定を表す。

最後の「やも」に注目。係助詞二つがくっついて「やは」「かは」「やも」[※1]という形を取ると、ほぼ確実に反語（…［だろう］か、いや…ない）を表す反語用法になる。したがって、この歌は「種さえあれば岩の上にも松は生えるのだなあ。それと同じように、ひたすら恋しく思っていれば、いとしい人に出会えないだろうか、いや、出会えるだろう。」という意味に解釈できる。

この「種」は男女間の情熱、「松」は二人のこれからの将来を指しているのだと考えられる。男は目の前の景色のすばらしさを称賛しただけではなく、これからの二人の将来に対する抱負を語っている。よって正解は②である。

問5（答②・⑤）

【文章Ⅰ】の『うつせ貝』と**【文章Ⅱ】**の『伊勢物語』の類似点と相違点は以下のようにまとめることができる。

◎**類似点**…男が女を連れ出し逃亡するが、雨が降り出し雷の鳴る中、あばら家で一夜を過ごす。

◎**相違点**…**【文章Ⅰ】**では朝が来て二人で新居に向うが、**【文章Ⅱ】**では女が鬼に食べられてしまう。

【文章Ⅰ】を読む人は、かの有名な『伊勢物語』の不幸な結末を思い浮かべて二人の行く末を案じてしまうが、そういう不幸な展開にならなかったことで、良い意味で期待を裏切られて安堵することになる。**【文章Ⅰ】**は、**【文章Ⅱ】**の情趣を取り入れながら、その内容を隠れた伏線として、全く別の展開を見せる興味深い話に仕立てられているといえる。これらをふまえたうえで、①〜⑥を次のように判断すること。

①＝×…「**【文章Ⅰ】**の女は駆け落ちに積極的」が不適当。

②＝○…本文の内容と合わない部分はなく、間違いとは言えない。

③＝×…**【文章Ⅱ】**の「露」は「（はかない）命」のたとえとして「露」が使用されているが、**【文章Ⅰ】**の「露」は「涙」のたとえとして用いられている。

④＝×…③に同意している点と、まだ結末のわからない**【文章Ⅰ】**を「ハッピーエンド」としている点が不適当。

⑤＝○…「露」のたとえのとらえ方が正しい。

⑥＝×…「露」が「愛情」のたとえとは読み取れない。

よって、正解は②・⑤である。

※1…「やも」は、係助詞「や」＋係助詞「も」（一説に「も」は終助詞）の連語。反語や疑問の意味を表し、反語を表す場合は活用語の「**已然形**」に付く。そのため、推量の助動詞「む」が已然形（め）になっている。

❻ 作品紹介

【文章Ⅰ】の『うつせ貝』という題名について考えてみましょう。「うつせ貝（空貝・虚貝）」とは、中身がぬけて空になった貝のこと。二枚貝の片方を男性、もう一方を女性と考えてみてください。中身があれば離れ離れにならないし、中身がなければ離れ離れになりますよね。登場人物の男女の行く末を貝の様子にたとえているわけです。この本文の最後にはこの男女が貝を拾い、歌を詠み合うシーンがあります。

紀貫之の『土佐日記』に「忘れ貝」という言葉が出てきます。「忘れ貝」とは、拾うとつらい恋や心の悩みを忘れると信じられていた「ササラガイ」という名の二枚貝のことです。亡くなった子供のことが思い出されて耐えがたいので、何とか忘れさせてほしいということで貫之は次の歌を詠みます。「忘れ」の箇所が掛詞になっていますね。

寄する波　うちも寄せなむ　わが恋ふる
人忘れ貝　下りて拾はむ

【訳】（この浜辺に）打ち寄せる波よ、打ち寄せてほしい。（そうすれば）私が恋しいと思う人を忘れるという忘れ貝を拾うことにするから。

同じ貝でもずいぶん異なった例え方をするのですね。

第8回 解説 EXPLANATION

共通テスト実戦演習⑧
自らの心情に古歌を重ねるという趣向を理解する

語数
305語
得点
/50点
問題編
P.62
古文音声

❶読解のポイント

この章では、小野小町の歌を本歌取り[※1]した歌が詠まれています。著者の小沢盧庵は歌人ですから、有名な古歌は当然のように記憶していて、自在に詠み込むことができたのですね。それに、よく知っている古歌があれば、その歌と自分とを重ね合わせてしまうのは、自然なことなのかもしれません。自らの心情に古歌を重ねるという趣向が当時よく用いられていたことを理解して、問題を解いていきましょう。

〈あらすじ〉　鈴木竜と筆者は管弦を通じてずっと親交があった。だがある日、彼が病をこじらせ、亡くなったと聞いた。やるせない思いの中、夢に彼がやってくる。筆者は釈明することがあって彼が訪れてきたのだと気づく。目覚めたときの悲しみの涙は風が葉の上の露を落とすがごとくである。筆者は古歌を下敷きに友の死を悼む数々の歌を詠むのであった。

❷登場人物

私 **筆者**…病没した友人の死を惜しみ、夢に友人と逢い、死を悔やむ和歌を詠ずる。

A **鈴木竜**…筆者の長年の友人。管弦に精通している。五〇歳で病没。

文中に主語がなく、作者（筆者）の主観的な目線で述べられている内容であるため、「**日記**」的な内容であると判断できる。「日記」や「随筆」の場合、主語のない心情語（…と思ふ／あはれなり）などの主語は筆者（私）であることに注意。

助動詞「けり」は、**他人が経験した過去を聞いて伝えるときに使用する**場合が多いため、「日記」にはあまり用いられない（代わりに助動詞「き」を用いる）が、この作品は小沢蘆庵の詠歌（とそれにまつわる話）を弟子たちが編纂したものであるため、「けり」が用いられている。

※1…本歌取り…本歌の語句、発想、趣向などを意識的に取り入れ、表現に深みをもたせる作歌方法。

３ 全文解釈

（重要語／助動詞／接続助詞／尊敬語／謙譲語／丁寧語）

鈴木竜 は、糸竹 の 交はり に て、年ごろ 親しく 語らひ ぬる 仲 なり ける を、この

鈴木竜は、管弦音楽を通して交際する人物で、長年親しく交際した仲であったが、（私は）この

夏 の ころ、いささか 心得 ぬ こと の あれ ば、「行き て 言ひ ただ さ ばや❶」と 思ふ 折

夏の頃、少し納得しかねることがあるので、「（Aのもとに）行って問いただしたい」と思っていたそのとき

から、いと 重く 患ふ と 聞け ど、常に か弱き 人 に も あら ね ば、「ほど なく

より、大変重く患っていると聞いたが、（Aは）通常から病弱な人でもないので、「間もなく

おこたら ん 折 に こそ」と 思ひ て、うち過ぎ ぬる ほど、にはかに 弱く なり て、

病気が回復したようなときに（訪ねよう）」と思って、そのままにしていたところ、（Aは）急に衰弱して、

つひに 身まかり ぬ。齢 は 今年 五十 と か 聞き し。(ア)よろづ たどたどしから ず、呂

とうとう亡くなってしまった。（Aの）歳は今年で五十歳とか聞いた。何事にもよく通じていて、音

律 の こと など いと よう 心得 たる 人 に て、かばかり なる も、たづね ん に は

楽に関することなど大変よく心得ている人であって、これほどである人物を、追い求めるとしたら

いと (イ)かたかる べし。惜しみ つつ せんすべなく て 月日 を 経る に、こよひ 雪 いと

大変困難であるに違いない。（友人の死を）惜しみながらどうしようもなく月日が過ぎ去るところ、今夜は雪が大変

深う 降り て 寒けれ ば、とく 臥し ぬ。暁がた の 夢 に この人 訪ひ 来 と 見 て、

深く降って寒いので、すぐに就寝した。（私は）夜明け前の夢にこの人が訪ねてくるというのを見て、

単語・文法・解説

□いとたけ【糸竹】名
①楽器 ②管弦音楽

□こころう【心得】動ア下二
①理解する・納得する・気づく
②精通する・心得る
③引き受ける

★★★□おこたる【怠る】動ラ四
①病気が治る ②なまける

★★□みまかる【身罷る】動ラ四
①亡くなる

□たどたどし 形シク
①心もとない
②危なっかしい
③その道に精通していない

★★□かたし【難し】形ク
①難しい ②めったにない

❶…願望の終助詞は以下のように三つに分けて整理しておくこと。

(1)未然形＋ばや
→自己の願望（…したい）

(2)未然形＋なむ
→他への願望（…してほしい）

(3)体言（その他）＋がな
→詠嘆願望（…あればなあ）（…たいなあ）

「身まかりぬと聞きしはそらごとなりけり。重く患ふに、(ウ)いかでかいませし」

「亡くなったと聞いたのは嘘だったのだなあ。重く患っているのに、**どうしてここへおいでになったのですか**」

と言へば、「対面せでは、心のむすぼほれ解くべきやうも侍らず。B心一つを

と言うと、(Aは)「面会しなければ、心のわだかまりを晴らすこともできません。この心一つを

しるべにて」と言ふ。いと苦しげなり。かの心得ず思ひしこと言ひ解くと

道しるべにして(来ました)」と言う。大変苦しそうである。あの**納得できない**と思ったことを説明するの

ぞ思ひし。雪のしづりの音に目ざめたるに、ともし火かすかに嵐激しく吹

だと思った。雪が木の枝から落ちる音に目覚めたところ、灯火がかすかにともり嵐が激しく吹

き、落つる涙玉を乱すがごとし。

き、(私の)落ちる涙はまるで玉を散らすようである。

X　思ひつつ寝るともなきをなき人の定かに見えし夢ぞあやしき

思いながら寝たわけでもないのに、亡くなった人をはっきりと夢に見たのは本当に不思議なことだ。

ありし世の恨みも消えて白雪のふりにし人ぞさらに恋しき

以前の恨みも消えて降る白雪が消えてしまうように、亡くなった友人が**ますます**したわしいことだ。

Y　覚めて後こと通はさん道をだに問はまし❷ものを夢と知りせば

目が覚めた後せめて言葉を通わせるような道だけでも尋ねただろうに。もし夢だとわかっていたならば。

ありし世に「朝の雪は消えやすし。夜の雪には訪ひて糸竹の遊びせん」

(Aが)生前に「朝の雪は消えやすい。夜の雪の降るときには(私を)訪ねて**管弦の催し**をしよう」

□いかでか【如何でか】連語
①どうして…か〈反語〉
②どうして〈疑問〉
③なんとかして

★★★
□さらに【更に】副
①全く〈↓打消〉
②そのうえ・新たに
③ますます

★★★
□あそび【遊び】名
①詩歌管弦の催し

❷…反実仮想は以下のような形であり、「…まし」の箇所が省略される場合もある。ここは次の①の倒置。
①〜せば、…まし
②〜ましかば、…まし
③〜未然形＋ば、…まし
④〜連用形＋は…まし
(〜だったら、…なのになあ)

と　言ひ　し　を　思ひ出で　て、
格助　四[用]　過去[体]　格助　下二[用]

と言ったのを思い出して、

雪　の　夜　は　必ず　来ん　と　頼め　し　を　消え　に　し　人　や　思ひ出で　けん
格助　係助　副　カ変[未]　意志[終]　格助　下二[用]　過去[体]〔単接〕　接助　下二[用]　過去[体]　完了[用]　係助　下二[用]　過推[体]
〔疑問〕

雪の夜は必ず来ようと（私に）期待させたのを、亡くなった人が思い出し（て夢の中で訪ねてくれ）たのだろうか。

＊＊
□ たのむ【頼む】 動マ下二／マ四
① 頼みに思わせる・期待させる
② 頼みにする・期待する

❹ 解答・解説

問1（答 (ア)③ 何事にもよく通じていて　(イ)④ 困難であるにちがいない　(ウ)① どうしてここへおいでになったのですか）

問1は、傍線部の解釈を選択肢から選ぶ問題。問われる単語には複数語義があることも多いため、ほかの箇所とのつながりを追い、最も適当な意味を選ぶこと。

(ア)は、次のように単語分けされる。

よろづ〔名〕／たどたどしから〔シク［未］〕／ず〔打消［終］〕

「よろづ」は「数の多いこと／万事・あらゆること」などと訳す名詞。「たどたどし」は「おぼつかない・はっきりしない」などの意。

後文の「**呂律のこと（音楽に関すること）などいとよう心得たる人にて、**」の箇所とのつながりから、「あらゆることにおぼつかなくない＝何事にもよく通じている」と解釈するのが適当。よって、正解は③である。

(イ)は、次のように単語分けされる。

かたかる〔ク［体］〕／べし〔推量［終］〕

「かたし【難し】」は「難しい・めったにない」と訳す形容詞。助動詞「べし」は、主語が三人称の場合は**推量**の意味になることが多い。(イ)の文の主語は「かばかりなる（＝これほどの人）」という三人称なので、「べし」は推量の意味で取ってよい。よって、正解は④である。

(ウ)は、次のように単語分けされる。

いかでか〔連語〕／いませ〔下二［用］〕／し〔過去［体］〕

副詞「いかで」＋係助詞「か」はよく連語として用いられ、「どうして…か」という疑問を表す。※1 係助詞「か」の係結びにより、文末の過去の助動詞「き」が連体形「し」になっている点にも注意。

「いませ」は、「あり」の尊敬語「います【坐す・在す】」の※2連用形で、この解釈がポイント。「います」は、ふつう四段活用［さ―**し**―す―す―せ―せ］で「いらっしゃる」などと訳すが、稀に下二段活用［せ―**せ**―す―する―すれ―せよ］の場合があり、この場合は「いらっしゃっていただく・おいでにならせる」という意味になる。

疑問・過去・「いませ」の意味が反映されているかどうかで選択肢を絞り込むと、正解は①となる。多少高度な文

※1…「いかで」は反語（どうして…か、いや、…ない。）を表す場合もある。また、「いかで」が下に願望の終助詞（なむ・ばや・がな）を伴うときは、「なんとかして（…したい）」という願望の意を表す。

法・用語知識が問われるが、筆者が夢に現れた友人に対して、重病なのに自分の夢に来てくれた理由を尋ねる文脈であることもふまえると、解答はそこまで難しくはない。

問２（答 ⑤ **間もなく病気が回復したら、その時に訪ねようということ。**）

傍線部Ａは、次のように単語分けされる。

ほどなく（ク[用]）／おこたら（四[未]）／ん（婉曲[体]）／折（名）／に（断定[用]）／こそ（係助）

「ほどなし」は「間もない」という意味の形容詞。「おこたる【怠る】」は「病気が治る／なまける」という意味の重要語。友人の鈴木竜が重い病を患っているという内容であるため、ここでは「病気が治る」という意味で取る。「をり【折】」は「そのとき・場合／季節」の意味。文末の係助詞「こそ」の後には「行かめ（行こう）」のような語が省略されていると考える（「こそ」の係結びのため文末は已然形）。

傍線部の前に「行きて言ひたださばや」とあり、「ばや」は願望の助動詞であることから、「行って問い正したい」と解釈できる。友人のもとに行きたいが、重病になったと聞いたので、というつながりからも、正解は⑤になる。

問３（答 ③ **あなたにお会いしたいといちずに思うあまりに、訪ねて来たのです。**）

前文の「いかでかいませし」という筆者の問いかけに対する返事である点や、「対面《たいめ》せでは、心のむすぼほれ（＝心のわだかまり）解くべきやうも侍らず」に続く文であるという**文脈**をふまえて答える問題。

「心一つ」は「（会いたいと思う）一途な心」と考える。「しるべ【導】」は「導き・手引き」などの意味をもつ名詞なので、「あなたに会いたいと思う一途な心を導きとして（訪ねて来た）」と解釈するのが自然。よって、正解は③である。

実戦演習⑦で、「その人に会いたい」と一心に願えば望みは叶うという話があったが、昔の人は**夢**においても同様に考えていた。このように、共通テストでは**古文常識を基盤にしながら文脈のつながりを追って答える設問**が出題されやすいので注意。

８

※2…下に**連用形**接続の助動詞「き」の連体形（し）があるため、「いませ」は連用形になる。「いま**せ**」が連用形であるのは、四段活用ではなく**下二段活用の方**である。

問4（答⑥）この夜、鈴木竜が夢に現れたのは、雪の夜には訪ねようという生前の約束を彼が思い出したからだと、作者は受け止めている。）

本文全体の内容を理解していることが求められる内容一致問題。本文の最後から二行目の「朝の雪……遊びせん」という鈴木竜の生前の言葉から判断すると、正解は⑥である。

問5（答⑥）

二つの和歌を比較した説明として正しいものを選ぶ内容一致問題。

Xの和歌の「なき人」とは亡くなった友人のこと。その人のことを思いながら寝たわけでもないのに、友人のことを夢に見たのは不思議であるという今は亡き友人のことを偲ぶ筆者の歌である。

Yの和歌は「夢が覚めたら亡くなった友人はもはやいない。夢だとわかっていたら、目が覚めてから言葉を交わすための道でも尋ねておいたのに」という筆者の歌である。

Zの和歌の「人」とは愛しい人のこと。いとしい人のことを思いながら眠ったので、夢に現れてくれたのかなと詠んでいるのである。目覚めたらその人はいない。夢に現れた愛しい人にずっと会っていたいという、平安時代の歌人小野小町の恋の歌である。筆者は巧みに小野小町の歌を引用し、亡き友を追悼する歌を詠んでいるのである。

①＝×…本文にそのような記述はなく、掛詞の意味と文脈（和歌の解釈）も合わない。

②＝○…夢に関する古文常識についてのとらえ方は正しく、夢に現れた人物についての解釈も正しい。

③＝×…文の後半が不適当。X・Zは共に実際に夢を見ている。

④＝×…Zの歌の「ばや」は、終助詞ではなく、「ば／や」に単語分けされる。「ば」は接続助詞「ば」の原因・理由（…ので）の用法で、「や」は疑問の係助詞。

⑤＝×…XとZ共に和歌の解釈として全く一致していない。

⑥＝○…古文常識についてのとらえ方・和歌の解釈共に正

しい。

したがって、正解は②・⑥となる。共通テストでは、複数の和歌の解釈や修辞を問う設問は今後もよく出題されると思われる。日頃からしっかりと学習しておくこと。

5 作品紹介

『六帖詠草』は江戸後期の私家集。歌人であり国学者でもあった小沢蘆庵の詠歌を弟子たちが編集したものです。

今回取り上げられているのは、長年の友人である鈴木竜が逝去してしまうが、心のわだかまりを解こうと、筆者の夢の中に現れる場面です。苦しそうな友人を前に、筆者は木の枝から落ちる雪で目が覚めてしまいます。筆者は友恋しさのあまり涙を流し、友の死を悼む歌を詠ずるのです。

古文では、「いとしい人・亡くなった人・神や仏」が夢に現れるという場面が多く見られます。その人に会いたいとひたすら念じながら寝ると、その人の魂（霊魂）が肉体から離れ、自分の夢の中に現れるものと信じられていました。

また一方で、（自分が想ってもいないのに）自分の夢に現れた人物は、自分に会いたいと強く願っている人物である（自分の夢の中に会いに来てくれた）とも信じられていたのです。

今回のお話は、亡くなった友人（鈴木竜）が筆者（蘆庵）に会いたいと強く願っていたために、筆者の夢の中に現れてくれたお話であると解釈できますね。

古歌の風情を生かしながら歌を詠むテクニックを「本歌取り」と呼びます。小野小町の恋の歌を下敷きにして蘆庵は哀傷歌を詠んだのですね。

第9回

解説
EXPLANATION

共通テスト実戦演習⑨
和歌の様々な比喩表現についての認識を深める

語数
540語
得点
/50点
問題編
P.68
古文音声

❶読解のポイント

和歌には、様々な感情が詠み込まれますが、「悲しい」「つらい」「愛しい」などとダイレクトに詠まれません。感情は、自然の中に今の自分の気持ちを投影できるものを見出して、それを比喩として和歌に詠み込むことで、表すことがあります。そしてそういった比喩は定型化し、多くの和歌で共通した比喩が使われるようになりました。

この章で俵藤太の詠んだ「露の身」というのも、そういった定型的な比喩表現で、その解釈が試験でもよく問われます。多くの和歌に触れ、様々な比喩表現に慣れていきましょう。

〈あらすじ〉 俵藤太（藤原秀郷）はある上臈《じょうろう》女房（小宰相）を一目見たときから恋の病に陥ってしまう。憐れんだ女房（時雨）が藤太の恋文を取り次いで小宰相に渡し、恋のために死を落とした者の例を挙げ、恨まれないよう返事を書くように勧める。こうして二人は人目を忍んで愛し合う仲となる。無双の武士として名高い俵藤太の一途な恋を女房が手助けして成功させるというお話。

❷登場人物

A **時雨**…平将門（わが主）のもとに仕える女房。藤太の一途な恋わずらいに同情し、協力する。

B **藤太（秀郷）**…藤原秀郷。俵藤太という異名で呼ばれる。Cを垣間見て一目惚れする。Cへの恋文を書くようにAから促される。

C **小宰相**…平将門の乳母の子。時雨から藤太の思いを聞かされ、歌を返す。

女房であるAよりもB・Cは身分が高い。そのため、Aが話す会話文では、B・Cの動作には**尊敬語**が使われ、A自身の動作には**謙譲語**が使われている点に注意。

3 全文解釈

（重要語／助動詞／接続助詞／尊敬語／謙譲語／丁寧語）

1

ここにまた**時雨**と申して、館より通ひものする女房あり。**秀郷**のもとに来たりて言ふやうは、「御ありさまを見まゐらするに、ただ事ともおぼえず。おぼしめす事あらば、わらはに仰せられ候へかし。力に叶ふ事ならば叶へたてまつるべし。御心置かせ給ふなよ」と、ねんごろに申すなり。

ここにもう一人時雨と申し上げて、（将門様の）館から通い**来る**女房がいる。（Aが）秀郷のもとに来て言うことには、「（Bの）ご様子を拝見するに、尋常な様子であるとも思えない。（何か）お思いになることがあるなら、私におっしゃってくださいよ。（私に）できることであれば叶えて差し上げましょう。**ご遠慮なさって**はなりませぬよ」と、**心をこめて**申すようだ。

2

藤太、このよし聞きて、ささやきけるは、「はづかしや、思ひ内にあれば、色外に現はるるとは、かやうのためしや申すらん。みづからが思ひのたねをば、いかなる事とかおぼすらん。いつぞや御前へ参りし御局の簾中より、見出だされたる**上臈**の御立ち姿を、一目見しより、恋の病となり、生

藤太が、このことを聞いて、耳打ちしたことには、「恥ずかしながら、恋心が**胸の内**にあると、**顔色**（**外**）に出てくるというのは、このような例を申し上げるのだろうか。（あなたは）私の悩みの原因を、どのようなことをお思いになっているのだろうか。いつだか（将門様の）御前に参上したお部屋のすだれの中から、外を見ていらっしゃる高貴な女房のお立ちになった姿を、一目見てからというもの、恋の病になり、生

単語・文法・解説

□ものす【物す】動サ変
①ある・いる　②行く・来る
※動詞の代わりで**何かを「する」**という意味。

□こころおく【心置く】動カ四
①心を残す　②遠慮する
③気をつける

□★★ねんごろなり【懇ろなり】形動ナリ
①心がこもっている・熱心だ
②親切だ・丁寧だ

□★★★うち【内】名
①内裏（宮中）　②天皇　③内心

□★★いろ【色】名
①（官位ごとの服装の）色
②顔色・表情
③色欲・恋愛

❶…接続助詞「ば」は、未然形に付く場合は仮定（もし…ならば）の用法。已然形に付く場合は原因・理由（…ので）または偶然・必然（…すると）の用法となる。

死さだめぬ我が身のふぜい、誰かあはれと問ふべきや」と、さめざめと泣き
死もしれないほどのわが身の様子、誰が気の毒だと言葉をかけてくれようか」と、**しきりに涙を流して泣い**

ければ、時雨、このよし聞きて、偽りならぬ思ひの色、あはれに思ひ、
たので、時雨は、このことを聞いて、偽りのない愛の様子を、気の毒に思い、

「さればこそ、みづからがかしこくも見知りまゐらせたるものかな、その御こと
「やっぱり、私自ら**うまく**お気づき申し上げたものよ、そのお方

は、わが主の御乳母子にておはします、小宰相の御方にてましますなり。色
は、私の主人(将門様)の乳母子でいらっしゃる、小宰相様でいらっしゃいます。恋心

には人の染むこともあり。おぼしめす言の葉あらば、一筆あそばし給はれ
には人の心はほだされることもある。(何か)お思いになっている言葉があれば、一筆お書きになってください

かし。(ア)参らせてみん」と言へば、藤太いとうれしくて、取る手もくゆるばかり
よ。(私からCに)お手紙を差し上げてみましょう」と言うので、藤太は大変嬉しくなって、筆を取る手も震えるばかり

なり。紫のうすやうに、なかなか言葉はなくて、
である。紫色の薄い紙に、**簡単には**(書く)言葉がなくて、

I 恋ひ死なばやすかりぬべき露の身の逢ふを限りにながらへぞする
恋い焦がれて死んだならばきっと心が穏やかであろう露のような身でも、(あなたに)最後に逢おうと思って**生きながらえて**いる。

と書きて、引き結びてわたしけり。
と(だけ)書いて、結んで(手紙をAに)渡した。

□さめざめ 副
①しきりに涙を流して泣き続けるさま

□さればこそ【然ればこそ】連語
①やっぱり・思った通り
②それだから

★★★□**かしこし**【畏し・賢し】形ク
①恐れ多い ②すぐれている
③上手い・巧妙だ

★★★□**なかなか**【中々】副
①かえって・むしろ
②なまじっか
③簡単には〈↓打消〉

□こひしぬ【恋ひ死ぬ】動ナ変
①恋い焦がれて死ぬ

□ながらふ《う》【長らふ・永らふ】動ハ下二
①長続きする・ずっと続く
②長生きする・生きながらえる

❷…ここでは、前文を受けて「(相手に)お手紙を差し上げる」というように訳す(→119頁)。

3

時雨この玉梓をとりて、小宰相の御方へ持ちて参り、「これこれのものを

時雨はこの手紙を手に取って、小宰相の御前にもって参上し、「これこれのものを

拾ひて候ふ。読みて給はれ」と申しければ、小宰相何心もなくひらきて見給

拾っております。お読みください」と申し上げたところ、小宰相は何気なく開いてご覧になり

ひつつ、「これはしのぶ恋の心を詠める歌なり」と、仰せられければ、時雨

ながら、「これは耐え忍ぶ恋心を詠んだ歌である」と、おっしゃったので、時雨は

さしよりて、「何をかつつみ申すべき。しかしかの方より御前へささげたて

近づいて、「何を隠し申し上げましょうか。これこれの方から（この手紙を）小宰相様へご献上申し

まつり、一筆の御返事をも、伺ひて得させよ、と頼むにいなみがたくて、

上げ、（何か）一言のご返事を、お尋ねして（私に）与えよ、と頼まれたのが断りにくくて、

おそれながら、ささげたてまつるなり。何かはくるしう候ふべき。笹の小笹の

恐れながら、献上し申し上げるのです。何か差し障りがありましょうか。小さな笹の上の

露の間の御なさけはあれかしとわぶれば、女房、顔うちあかめて、なかなか

露のすき間くらいのお情けをかけてやってください」と気弱になると、女房は、顔をふと赤らめて、簡単には

ものものたまはず。時雨、重ねて申すやう、「えびす心のわくかたなくて、恋

何もおっしゃらない。時雨が、重ねて申し上げることには、「野蛮な荒々しい心が判断する方法もなくて、恋焦がれ

ひ死なば、長き世の御もの思ひとなるべし。天竺の術婆伽、后を恋ひ、思ひの

て死ぬならば、（Cにとって）長い現世を思い悩むこととなるでしょう。インドの術婆伽が、后に恋焦がれ、恋心の

□たまづさ【玉梓】名 ①手紙 ②使者

□つつむ【包む】動マ四 ①包む ②隠す

□★★くるし【苦し】形シク ①差し障りがある

□えびすごころ【夷心】名 ①野蛮な荒々しい心

□わく【分く・別く】動カ四 ①区別する ②判断する

炎に身を焦がしけるためし、おぼし知らずや」と、やうやうに言ひなぐさむる

炎に身を焼いた例を、ご存じないのでしょうか」と、次第に言い**慰める**

ほどに、女房もさすが(イ)岩木にあらねば、「人の思ひのつもりなば、

うちに、女房もそうはいってもやはり**心をもたない岩や木**とはちがって、**感情が無い**というわけではないので、「人の恋心が積

末いかならん」と悲しくて、かの玉梓の端に、一筆書きて、引き結びて出ださ

もったら、終わりはどうなるのだろう」と悲しくなって、その手紙の端に、一言書いて、引き結んでお出しに

れたり。時雨、うれしく思ひて、やがて藤太のもとに来たりて渡しけり。藤太

なった。時雨は、嬉しく思って、すぐに藤太のもとに来て（手紙を）渡した。藤太は

取る手もたどたどしくひらきて見れば、

受け取る手もおぼつかなく開いて見たところ、

Ⅱ 人はいさ❷変はるも知らでいかばかりこころの末を遂げて契らん

人はさあ心変わりをするかもしれないことも忘れて、（Bと）思いの続く限り心の端までなしとげて契りたいものです。

と、あそばしけるを見て、よろこぶ事はかぎりなし。それよりしのびしのびに

と、お詠みになったのを見て、（Bの）喜ぶことはこの上もない。それからは人目を避けて（こっそりと）

参りつつ、(ウ)わりなきなかとぞなりにける。この事深くつつみ隠しければ、

参上しながら、**離れがたいほどに親密な**間柄となったということだ。このことは深く**隠し**たので、

御所中に知る人さらに❸なし。

御所で知っている人は全くいない。

□★なぐさむ【慰む】動マ四／マ下二
①心が晴れる ②慰める

□いはき【岩木】名
①岩や木のような心情をもたないもののたとえ

□★わりなし【理無し】形ク
①道理に合わない
②つらい・苦しい
③非常に親しい

❷…呼応の副詞「いさ」は、打消語（ず・じ・まじ・で・なし）と呼応して「さあ…ない」などと訳す。（→113頁）

❸…呼応の副詞「さらに」は、打消語（ず・じ・まじ・で・なし）と呼応して、「全く…ない」と訳す。（→113頁）

❹ 解答・解説

問1（答 (ア)② **お手紙を差し上げてみましょう** (イ)② **心を持たない岩や木とはちがって、感情が無いというわけではないので** (ウ)⑤ **離れがたいほどに親密な間柄**）

傍線部の解釈問題は、語句を直訳しただけでは選択肢を絞り込めない場合も多い。複数の語義をもつ単語も問われやすいので、**文脈**を重視すること。

(ア)は次のように単語分けされる。

参らせ（下二[用]）／て（接助）／み（上一[未]）／ん（意志[終]）

「まゐらす【参らす】」は「差し上げる・献上する」と訳す謙譲語。「み」は「みる【見る】」の未然形で、「見る・結婚する」などの意味のほか、接続助詞「て」に付いて「…てみる・ためしに…する」と訳す場合もある。文末の「ん」は助動詞「む」の終止形。

傍線部(ア)は時雨の会話文中にあるので、主語は時雨という一人称。一人称が主語の場合、助動詞「む」は**意志（…しよう）**の意味になることが多い。

傍線部(ア)の直前にある「一筆あそばされかし」は、時雨が藤太に手紙を書くように勧めている言葉。藤太の歌を時雨が取り次いで小宰相に渡す（差し上げる）という文脈なので、正解は②である。

(イ)は次のように単語分けされる。

岩木（名）／に（格助）／あら（ラ変）／ね（打消）／ば（接助）

「岩木《いはき》」とは岩石や木のことで、感情をもたないものをたとえていう表現。時雨が小宰相に恋文への返事を書くよう説得している文脈で、傍線部(イ)の直後に「人の思ひのつもりなば、末いかならんと悲しくて」と動揺する小宰相の**心情**を表している点を考慮すると、正解は②である。

(ウ)は次のように単語分けされる。

わりなき（ク[体]）／なか（名）

「わりなし」は、「道理に合わない／つらい・苦しい」というマイナスの意味が主であるが、「この上ない・並々でな

9

い」などプラスの意味ももつ多義語。[※1]「なか【仲】」はすべての選択肢で共通しているように「**間柄・仲**」の意味。

　二人は人目を避けて会う間柄となり、これを「御所で知っている人は全くいない」とあるので、①・②・③は消去できる。④は「強引に契りを結んでしまった」が、語句の意味や文脈とは合わない（互いに手紙を交わし、同意したうえなので「強引」ではない）。「わりなきなか」は「非常に親密な間柄」のように訳す慣用表現なので、覚えておくとよい。正解は残った⑤である。

問2（答 ④　**しのぶれど色にいでにけり我が恋は物や思ふと人のとふまで**）

「思ひ内にあれば、色外に現はるる」というのは、「恋心が胸の内にあると、（いくら隠そうとしても、それが）顔色（外）に出てくる」という意味で、当時からよく歌に詠まれていた常識なので覚えておくこと。

選択肢①〜⑤のそれぞれの歌は次のような大意になる。どれも有名な歌なので記憶しておくとよい。

①…思ひつつ寝《ぬ》ればや人の見えつらん夢と知りせば覚めざらましを
（『古今和歌集』恋・小野小町）

【大意】好きな人が夢に現れたけれど、覚めたらいなくなった。夢だとわかっていたら、目を覚ますことなどなかったのに。

②…思ふてふ言の葉のみや秋をへて色もかはらぬ物にぞありける
（『古今和歌集』詠み人知らず）

【大意】私があなたを「思う」と言った言《こと》の葉《は》だけは、秋を経ても色が変わりません。

③…くれなゐの初花染めの色ふかく思ひし心我わすれめや
（『古今和歌集』詠み人知らず）

【大意】深くあなたを思った初めての心を私は忘れない。

④…しのぶれど色にいでにけり我が恋は物や思ふと人のとふまで
（『拾遺和歌集』・平兼盛）

【大意】隠していたけれど、顔色に出てしまっていたのか、私の恋心は。物思いをしているのかとまわりの人が尋ねるほどに。

⑤…あひみての後の心にくらぶれば昔は物を思はざりけり

※1…多義語の場合、主でない意味が用いられている箇所が（ひっかけとして）問われやすいので要注意。

（『拾遺和歌集』・藤原敦忠）

【大意】恋人と会った後に、恋心は今まで経験したことがないほどいっそう深くなるものだ。

「恋心が胸の内にあると、（いくら隠そうとしても、それが）顔色（外）に出てくる」という内容をもった和歌は、④だけである。

問3（答）③　**自分のおもわくに沿って事が進んだので、さらに先に話を進めようと思っている。）**

傍線部Bは次のように単語分けされる。

何 を か つつみ 申す べき
（を＝格助、か＝係助《反語》、つつみ＝四[用]、申す＝四[終]、べき＝意志[体]）

「つつむ【包む】」は「包む／隠す」の意味。助動詞「べし」は、主語が一人称（ここでは時雨）の場合、意志※2（…しよう）の意味になることが多い。「か」は**反語**を表す係助詞。

なぜ?　係助詞「や・か」は疑問または反語を表す。どちらの意味かは文脈によって決める。純粋に疑問を感じている場合は疑問（…〔だろう〕か）。疑問の形を取りながら「主張」したい場合は反語の用法（…〔だろう〕か、いや、…でない）であると考える。ここでは、時雨は疑問を感じているわけではなく、「隠しません」と主張している文脈であるため、反語の意味で取る。

したがって、傍線部Bを直訳すると、「何を隠し申し上げましょうか、いや、隠しません」のようになる。

傍線部Bの前後は、時雨が小宰相に恋文を渡し、小宰相が「これはしのぶ恋の心を詠める歌なり」と確認したのを受けて、時雨が「（その恋文は実は）しかしかの方（＝俵藤太）より御前（＝小宰相）へささげ」たものであるからお返事を書いてほしいと、さらに話を先に進めようとしている文脈。このときの時雨の気持ちの説明として、最も適当なのは③である。かなりの演技派であり、策略家でもある時雨の人物像が垣間見えるシーンである。

9

※2…ただし「べし」の意味は曖昧なので、ここでは「可能」や「当然」の意味でも取れる。

問4（答⑤）藤太が、無骨な心で一途に思いこみ、恋い死にすることにでもなれば、あなたは、後々までもそのことで思い悩むことになるでしょう。）

「えびす心のわくかたなくて、」（訳：野蛮な荒々しい心が判断する方法もなくて、）の解釈が難解だが、ここを除外し、文脈を考えていくことで正解は絞られる。

「恋ひ死なば、」の部分は「未然形＋ば、」なので、接続助詞「ば」は仮定（〔もし〕…ならば）の用法。「恋い焦がれて死んだならば、」と解釈できる。

「長き世の御もの思ひとなるべし」の部分は、まず名詞の上に付いて尊敬の意を表す接頭語「御」に注目。この「御」は、時雨から主人である小宰相に対する敬意を表しているので、「御もの思ひ」とは小宰相自身の思い悩みを指していることになる。「世」は「世間／男女の仲／治世／時代／生涯／現世」など多数の意味をもつ多義語。「もの思ひ」は「思い悩むこと」の意味。よって、「長き世の御もの思ひ」は「**（小宰相の今後の）長い現世（または生涯）の思い悩み**」と解釈するのが自然であろう。

これらをふまえて、選択肢を精査していく。

①＝×…「御もの思ひ」とは小宰相自身の思い悩みを指しているので、「私は（＝時雨）」が不適当。

②＝×…①と同様、「御もの思ひ」とは小宰相自身の思い悩みなので、「世間の人は」は不適当。

③＝×…「思い続けなければいけない」という解釈がおかしい。恋をし続けるという意味にもとれる

④＝×…小宰相は藤太に会ってもいない段階なので、「これから絶えず物思いにふけるに違いありません」は文脈に合わない。「もの思ひ」の解釈も間違い。

⑤＝○…自分のために死んでしまった人のことで思い悩むことになる意味にかなっている。

したがって、正解は⑤である。

問5（答④）

Iの「恋ひ死なば」の歌の「露の身」に注意する。「露」は「袖の露」のような言い回しであると「涙」の意であり、「露の命」だと「はかない命」、「露を掛く」だと「愛情」のような意味になる。小宰相に死ぬほど恋焦がれている藤太の心情から考えると、「露の身」とは**藤太自身のはかない命のたとえ**であると判断できる。葉の上から今にも落ちて消えそうな自らの命を「露の身」にたとえ、「恋ゆえに死んでも

よいとする露のようなはかない私の命も、あなたに会うだけで生きながらえようと思う次第です」と、藤太が小宰相に詠んだわけである。したがって、②・③・⑤は正解から外れる。

Ⅱの歌「人はいさ…」は小宰相から藤太に対する歌である。この歌を詠んだ後、藤太は「よろこぶ事はかぎりなし」となり、「それよりしのびしのびに参りつつ、（二人は）わりなきなかとぞなりにけり。」とあるので、小宰相は藤太にⅡの歌で心を許していることがわかる。よって、①の「藤太に対する不信感をあらわにした歌」は文脈に合わない。

したがって、正解は④である。

S 作品紹介

『俵藤太物語』は、室町時代に成立したと推定される（成立年・作者共に不詳）、俵藤太という異名で呼ばれた藤原秀郷の武勇伝です。三上山のムカデ退治の伝説と、平将門討伐にまつわる伝説が主に収録されています。

藤原秀郷は、平将門の乱を平定した武勇の誉れ高い名将ですが、滋賀県瀬田橋に宿る竜王の化身である大蛇に依頼されて、三上山に住むムカデを退治したという伝説もあります。この大蛇は六〇メートルもあったといわれ、秀郷が大蛇を怖がらず悠々と踏みつけて渡っていったところ、大蛇が若い女に姿を変え、ムカデ退治を依頼したというお話です。現在、秀郷の刀が三重県の伊勢神宮に奉納されています。刀名は「蜈蚣《むかで》切丸《きりまる》」。そのまんまですね（笑）。滋賀の大津にある橋守神社（勢多橋龍宮秀郷社）は、秀郷と竜王が祭神です。

今回の問題文は、そんな最強の武士と謳われる藤原秀郷でも、愛しの小宰相にはかなわなかったという一面が見られるお話であったわけです。

第10回 解説 EXPLANATION

共通テスト実戦演習⑩
和歌の本質は何かについて理解する

語数
582語
得点
/50点
問題編
P.74
古文音声

❶ 読解のポイント

和歌にもその時代ごとの特徴が見られます。古代の歌であるほど自身の心情に素直に読んでいるなという印象を受けます。それが、近世頃になると、よく古歌を勉強したうえで詠まれる歌が多いので、より洗練を重ねた技巧的な部分に重点が置かれるようになるんです。

「自身の心情を詠む」という和歌の根本的な考え方の重要性を幼い子供に悟すように我々にわかりやすく語りかけています。

〈あらすじ〉

歌人の筆者が幼児を抱いて千変万化する雲の様子を眺めている。目前の雲を見て筆者が歌を詠むと幼児も自由に歌を詠むのだった。ここで筆者は、このように見たままの様子を自由に詠むのが歌であり、古歌に縛られるものではないと説く。

【文章】歌は人の心をもととして、実際に見聞きしたものを詠んだもので、天地の神々や目に見えない霊魂を感動させ、男女の仲を和らげ、無骨な武人の心をも和やかにするものである。

❷ 登場人物

私 筆者…おのれ。京の山々を見ながら和歌の詠み方について（自分の）幼子に語る。続けて和歌の詠むときの心得をまとめている。

A をさな（き）…筆者（＝父）から和歌の詠み方を学ぶ。父から求められて、試しに和歌の一節を口ずさんでいる。

【文章】…**『古今和歌集』の序文で、紀貫之によって仮名で書かれたもの。**古代から言い伝えられてきた和歌の不思議な力、**和歌の本質**について語っている文章。

❸ 全文解釈

(重要語／助動詞／接続助詞／尊敬語／謙譲語／丁寧語)

1

三日、夕さりつかた、いささか空ものどやぎぬれば、をさなきをいだきて、埋火

三日、夕方のころ、少し空も穏やかになったので、(私は)幼い子を抱いて、炭火

によりてゐて、外のかたを見出でたるに、籬のむら竹の上に、愛宕・嵐の

に寄って座って、外の方を(内から)見たところ、垣根の竹の上に、愛宕や嵐山の

山々、(ア)にほひやかに横ほれり。見るがうちに、夕雲にたなびかれてかき暮れ

連山が、美しく照りはえて横たわっている。見ている間に、夕方の雲に横に長く引かれて辺り一面が暗くなっ

ぬ。その雲の色、墨染なるに、薄きかたは紫のにほひもあなる❶が、南をさ

た。その雲の色は、墨で染めたように黒くなっているが、薄い箇所は紫色であるようなのが、南を向

して、大旗なし小旗なして過ぎ行くめる。あるは獣の吠ゆる形、あるは鳥

いて、大きな旗や小さな旗のようになり過ぎていくようだ。ある雲は獣が吠える姿、ある雲は鳥

のかけるさまなど、ひとかたならず。あるはたちまち人の顔となり、あるは

が飛んでいく様子などと、一様ではない。ある雲は見ているうちに人の顔のような形になり、ある雲は

鬼の姿と消え失せて、みるみる千々に変はりゆくは、幻の心地ぞする。

鬼の姿となって消え失せて、見ているうちに千変万化してゆくのは、幻を見ているような気分になる。

2

名付けあへぬまに跡もとどめぬを、「そはそは」と言ふほど、をさなが見

(雲に)名付けきらない間に(雲が)元の姿をとどめないのを、「それはそれは」などと言ううちに、幼子がじっと見

単語・文法・解説

□いささか【些か・聊か】副
①少し ②少しも・全く〈↓打消〉

□のどなり 形動ナリ
①穏やかだ

□-やぐ 接尾
①〈名詞や形容動詞の語幹などに付いて〉…のような状態になる。

□よこほる【横ほる】動ラ四
①横たわる

□たなびく【棚引く】動カ四
①(雲などが)横に長く引く・たなびく

□かきくる【掻き暮る】動ラ下二
①辺り一面が暗くなる

□あふ【敢ふ】動ハ下二
①堪える・我慢する
②〈補助動詞〉(動詞の連用形に付いて)すっかり…する・…しきる。

❶…「ある→撥音便化→あん→撥音便消失→あ」の形。

なして、「菫の花に似たり」と言ふを聞きて、おのれ、とりあへず、「菫の雲は

て、「(あの雲は)すみれの花に似ている」と言うのを聞いて、私が、すぐさま、「菫のような雲は

消えにけるかな」とうち誦して、さて、「かく言ふが、かの歌なり」と言へ

消えてしまったなあ」と口ずさんで、そうして、「このように口にするのが、あの詠歌というものだ」と言うと、

ば、をさな驚きて、「しか言へば歌にや」といふ顔つき、いささか心得たりげ

幼い子がはっと気づいて、「そのように口にするのが歌なのか」という顔つきは、少し心得たような様子であった

なれば、またいはく、「そこのこのごろ読む古今集の序に、『見るもの聞くも

ので、(私が)再び言うことには、「お前が最近読んでいる『古今和歌集』の序文に、『(和歌は)見るもの、聞くも

のにつけて言ひ出だせるなり』とあるは、この歌詠むことをいへるなり。

のにつけて言い出したのが歌になったものだ』とあるのは、このように歌を詠むことを言っているのだ。

なほ、試みに言へ」と言へば、言へる、「雲が見ゆれば鐘も鳴るなり」、こは、黒

もっと、試しに歌を詠んでみよ」と言うと、(Aが)言ったことは、「雲が見えると鐘も鳴るようだ」、これは、黒

谷の入相、後ろのかたに聞こゆればなり。おのれ、ほめたたへて、「しかり

谷の夕暮れには、(鐘の音が)後ろの方に聞こえるからである。私が、(Aを)褒めちぎって、「そうだ

しかり、歌はさるものなり」と言ふあひだに、隣の垣ほより薄き煙のこなた

そうだ、歌はそのようなものなのだよ」という間に、隣の家の垣根から薄い煙がこちらの

ざまにうらなびきたるを見て、おのれ、「雲と煙と見えにけるかな」と言ひ

方にたなびいてきたのを見て、私が、「雲と煙とが見えたことよなあ」と詠ん

□とりあへ《ェ》ず【取り敢へず】副
①あっという間に・たちまち
②すぐさま・即座に

□じゅす【誦す】動サ変
①声を出して唱える・口ずさむ・朗唱する

□*しかり【然り】動ラ変
①そうだ

3

て、「なほ、かく、物につけて言はれざることなし」と言ふを、をさな聞きて、
で、「やはり、このように、様々なものにおいて（歌に）詠めないものはない」と言うのを、幼い子が聞いて、
「『立ちにけるかな』とせばいかに」と言ふ。こは、かの、あめ牛に突かれたる、
「（『見えにけるかな』を）『立ちにけるかな』とすればどうか」と言う。これは、あの、『あめ牛につかれた』（という心境）、
なりけり。「立ちにける」と言はば、え聞き取るまじうおぼえて、なかなかの
であることよ。（私が）「立ちにける」と言ったならば、（Aが）理解することができそうもないと思って、かえって
しれわざせるなり。
❷ばかなことをしてしまったようだ。
をとつ年のころより、「月に花に触れて歌詠め」と言へば、「いづれの歌を
一昨年のころから、（私が）「月や花に触れて歌を詠め」と言うと、（Aは）「どの歌を
か詠まむ」と言ふ。こは、百人一首・三十六人の古歌など、詠み出づることなり
詠もうか」と言う。これは、百人一首・三十六歌仙の古歌などを、（そのまま）詠み出すことである
と思へるなり。「我が思ふことを詠むなり」と教ふれど、とかく心得かねて、
と思っているのである。（私は）「（歌とは）自らが思うことを詠むのだ」と教えるが、（Aは）全く理解できないで、
人の詠める歌など、かたはらに聞きおぼえて、誦しなどしてありしなり。今
人の詠んだ歌などを、側で聞き覚えて、朗唱したりしていたのだ。本
日しも、おのが言へる言葉によりて諭したるにて、心得たるなり。立ち返り
日に限って、私が言った言葉によって教え知らせたことで、理解したのである。今までのこと

□なかなか【中々】副
①かえって・むしろ
②なまじっか

□わざ【業】名
①行ない・しわざ　②〜こと
②法要・仏事　③加持祈禱

□とかく【と斯く】副
①全く〈→打消〉
②あれやこれや

□こころう【心得】動ア下二
①理解する・納得する・気づく
②精通する・心得る
③引き受ける

❷…「しれもの【痴れ者】」（愚か者・ばか者）や「しれごと【痴れ事】」（愚かなこと・ばかなこと）のように、「しれ【痴れ】」には「愚かな〜・ばかな〜」という意味がある。よって、「しれわざ」は「愚かな行ない・ばかなこと」などと解釈する。

10

4

て思ふに、(イ)「歌」といふ名になづみ、「詠む」といふ言葉にまどへるものなり。ただ、「月を言へ、花を言へ」など言はば、おそらくは、(ウ)とくも心得けむかし。さて次々に言ひ出づるを聞くに、Cかたなりなるは言ふにたらず、その心ばへは真心にして、さらに歌のほかならず。

を顧みると、(人は)「歌」という名にこだわり、(歌を)「詠む」という言葉に迷ってしまうものなのだ。たった一言、「月を詠め、花を詠め」などと言ったとしたら、おそらくは、すぐに納得しただろうよ。そうして(Aが)次々に詠み出したものを聞くと、(歌として)未熟であることは言うまでもないが、その心の様子は純粋な心であって、全く歌以外の何物でもない。

こは、このAをさなが上のことならず。誰も誰も、この道に入る人、「歌」といひ、「詠む」といふにまどはざるはなしとぞ思ふ。この夕雲のたはごとにつきて教ふるまにまに、なほ踏みまどふ世人の過ちを、いささか思ひ定めしかたも侍れば、「また見む人のためにも」と、くだくだしく書いつくるのみ。

これは、この幼い子に限ったことではない。誰も誰も、歌の世界に入る人は、「歌」と言い、「詠む」という言葉に迷わない人はいないと思う。この夕暮れの雲についてのたわけたことについて教えるにつれて、やはり思い悩む世の人の誤りを(どうすべきか)、少し心を決めた点もございますので、「また(これを)見る人のためにも」と、わずらわしく書きつけただけ(でございます)。

□★なづむ【泥む】動マ四 ①行き悩む ②思い焦がれる ③こだわる

□とく【疾く】副 ①すぐに・急いで ②すでに・とっくに

□かたなりなり【片生りなり】形動ナリ ①幼稚だ ②未熟だ

□こころばへ【心ばへ】名 ①心の様子・心遣い ②風情

□まにまに 副 ①事のなりゆきに任せて ②…につれて

□くだくだし 形シク ①わずらわしい・くどい

❹ 解答・解説

問1 (答) (ア)① 美しく照りはえて横たわっている　(イ)⑤ 歌という名にこだわり　(ウ)④ すぐに納得しただろうよ

単語の語義がわからない場合は、文脈から、その単語が肯定的な意味なのか否定的な意味なのか、どちらが文脈に合うかだけでも判断できると選択肢を絞ることができる。

(ア)は、次のように単語分けされる。

ナリ[用] にほひやかに／四[已] 横ほれ／存続[終] り

「にほひやかなり【匂ひやかなり】」は、「華やかで美しい／つやつやと美しい」といった意味をもつ形容動詞。直前の「愛宕・嵐の山々」の照り輝くような風景を表している。「横ほる」は「横たわる」と訳す動詞。山々が横に連なっている様子を表したものであると考えること。よって、正解は①である。

(イ)は、次のように単語分けされる。

名 歌／格助 と／四[体] いふ／名 名／格助 に／四[用] なづみ

「なづむ【泥む】」は「行き悩む・思い焦がれる・こだわる」などと訳す動詞。見慣れない語なので、文脈で意味を判断する。傍線部の直後に『詠む』といふ言葉に**まどへ**るものなり」とあることに注目。この「まどへ」は「迷う・途方にくれる」と訳す動詞「まどふ【惑ふ】」の已然形であり、「なづみ」はこの語の意味と近似すると考えること。よって、最も適当な解釈は⑤である。

(ウ)は、次のように単語分けされる。

副 とく／係助 も《強意》／下二[用] 心得／過推[終] けむ／終助 かし《念押し》

「とく」は「すぐに」と訳す副詞。頻出の形容詞「とし【疾し】」（訳：早い・速い）からも意味を推測できる。「心得」は「理解する・精通する・引き受ける」などと訳す動詞。見たままのことを素直に表現したのが、和歌であるというように子供に説明しておいていれば、すぐに理解できたはずだと筆者は述べている文脈なので、正解は④である。

問2（答④「かく言ふ」は「**菫の雲は消えにけるかな**」を指し、「かの歌」は「**月に花に触れて**」詠む歌を指す。）

「かく」は、「このように」と訳す副詞で、直前のものを指す。よって、「かく言ふ」は、傍線部Aの直前にある「**菫の雲は消えにけるかな**」を指す。幼児が雲の姿を見て「菫の花に似たり」とつぶやいたのを受けて、筆者が「**菫の雲は消えにけるかな**」と和歌（下の句）に変えたのであるから、選択肢①・②はまよわず消去できるはず。

「かの歌」の「かの」とは、「その・あの」という意味で、**以前に（二人の間で共通の）話題となったもの**であることを示す。ここでは、第三段落の「をとつ年のころより、『**月に花に触れて**歌詠め』と言へば、『いづれの歌をか詠まむ』と言ふ。……誦しなどしてありしなり。」という箇所を指している。

月や花を見て素直に歌を詠めばよいのだという筆者の説明を聞いた幼児が、その真意を理解できず、歌を詠むということは百人一首などの有名な歌を口ずさむことだと勘違いしてしまっている様子が記されている。

この文の後、「今日しも、おのが言へる言葉によりて諭したるにて、心得たるなり。」と続く。本日、筆者が「かく言ふが、かの歌なり」と言って教えたことによって、月や花を見て感じた素直な気持ちを表現するのが歌なのだと、幼児は「**心得たる**」わけである。

そして、この「**心得たる**」とつながっているのが、第二段落の傍線部Aを含む部分『かく言ふが、かの歌なり』と言へば、をさな驚きて、しか言へば歌にやといふ顔つき、いささか**心得たりげなれば、**」であるとわかる。よって、正解は④である。

問3（答⑤ **相手が幼い子供であることを考慮して平易な表現を用いたために、かえって子供にひけをとってしまったこと。**）

傍線部Bの「なかなか」は「かえって・むしろ／なまじっか」などという意味の副詞。「しれわざ【痴れ業】」は「愚かな行ない・ばかなこと」のような意味である（☞99頁）。

筆者は隣家の垣根から煙がたなびき立つのを見て「雲と煙と見えにけるかな」と詠んだ。それに対して、幼子は「『立ちにけるかな』とせばいかに」と答えている。「見えにけるかな」よりも「立ちにけるかな」の方が表現としては適切ではないかと言ったわけである。

このことを筆者は「かのあめ牛につかれたる」、つまり突然現れた牛に不意に突かれたように思いがけない目にあったと表現している。「立ちにける」では子供は理解できないと考えて、あえて「見えにけるかな」としたところ、そこを指摘され、一本とられてしまったわけである。これらをふまえると、最も適当な説明は⑤であると考えることができる。

問4（答②　**未熟であることは言うまでもないが、素直な気持ちが込められているので、十分に歌と呼べるものである。**）

前文「さて次々に**言ひ出づる**を聞くに、」の「**言ひ出づる**」の主体は幼児であり、「聞く」の主体は筆者であると考えられるので、Cは幼児の詠んだ歌について筆者が話している部分であることがわかる。

傍線部Cは次のように単語分けされる。

かたなりなる〔ナリ[体]〕／は〔係助〕／言ふ〔四[体]〕／に〔格助〕／足ら〔四[未]〕／ず〔打消[用]〕、そ〔代名〕／の〔格助〕／心ばへ〔名〕／は〔係助〕／真心〔名〕／に〔断定[用]〕／して〔接助〕／さらに〔副詞〕／歌〔名〕／の〔格助〕／ほか〔名〕／なら〔断定[未]〕／ず〔打消[終]〕。

「かたなりなり【片生りなり】」は「未熟だ・幼い」などと訳す形容動詞。「こころばへ【心ばへ】」は「心の様子・心遣い／風情」などの意味。「さらに」は「ず」などの打消語と呼応して「全く（…ない）」と訳す**呼応の副詞**（☞113頁）。

筆者は幼子の詠んだ歌を未熟であるのは言うまでもないと断ったうえで、そこに流れている心情は歌以外の何物でもないとしているのである。以上をふまえて、選択肢から

10

解答を導いていく。

①＝×…【本文】に「さらに歌のほかならず」（訳：全く歌以外の何物でもない）とある。「とうてい歌であるとはいえない」が不適当。

②＝○…すべて正しい。

③＝×…「まったく歌の体をなしていない」が不適当。

④＝×…【本文】に「かたなりなるは言ふに足らず」（訳：未熟なことは言うまでもない）とある。「未熟であるなどということはなく」が不適当。

⑤＝×…「未熟であるなどということはなく」、「歌に対する真剣な姿勢が見られるので」が不適当。

よって、正解は②である。

問5（答③・⑥）

二つの文章を比較した説明として正しいものを選ぶ内容一致問題。選択肢の文章がすべて内容に合致しているか、一つ一つ検証する。

【文章】の現代語訳　和歌は、人の心をもととして、多くの言葉となった（ものである）。この世に生きている人は、（関係する）様々な物事が多いので、（そこで）心に感じることを、見るもの聞くことに託して表現しているのだ。花に鳴くうぐいす、水に住む蛙の声を聞くと、生きているものすべて、どれが歌を詠まないだろうか（、いやすべてのものが歌を詠む）。力をも入れないで、天地の神々を動かし、目に見えない天地万物の霊魂をも感動させ、男女の仲をも親しくさせ、勇猛な武士の心をもなだめるのは歌なのである。

【本文】は、目前の景色を感じたままに歌にするという体験を通じて、和歌の詠み方を子供に悟した話である。一方、【文章】の『古今和歌集仮名序』は、見たまま聞いたままの感情を詠んだものが和歌であり、和歌はすべてのものの心を動かす力をもつということを述べた文章である。

両者に共通するのが、「見たり聞いたりしたものについての心情をそのまま詠みこんだものが和歌である」という点である。①～⑥は以下のように考えることができる。

①＝×…「古典的秀歌の技法を習得することへ進むべきだという考え」が不適当。

②＝×…「和歌とは、自分の心情の吐露ではなく、古典的秀歌を徹底的に暗唱し、模倣して習得すべきだという考え」が筆者の考えとは正反対。

③＝○…すべて本文の内容に合致している。

④＝×…「和歌とは、様々に変化する情景を詠むことから始め、」が【本文】の内容と異なる。

⑤＝×…「和歌とは、まず古今集の仮名序を読むことから始め、」が不適当。

⑥＝○…【本文】と【文章】双方の文章の内容と一致する。

よって、正解は③・⑥となる。

5 作品紹介

香川景樹は江戸後期の歌人で、日本最初の勅撰和歌集である『古今和歌集』を支持し、賀茂真淵の万葉調（『万葉集』に見られる特徴的な歌風）を排撃しました。自然に根ざした本来的な心情を素直に表したとき、歌は自ずから「しらべ」をもつという画期的な歌論を『桂園遺文』などに著し、のちに多くの門弟を抱えて「桂園派」の祖となります。

さて、香川景樹が支持した『古今和歌集』には、漢字で書かれた「真名序《まなじょ》」と、仮名で書かれた「仮名序《かなじょ》」、二つの序文（書物のまえがきの文章）が付いています。「真名序」の筆者は紀淑望《きのよしもち》で、【文章】にある「仮名序」の著者は紀貫之です。紀貫之は、日本で最初の仮名文日記である『土佐日記』の筆者として有名な人物ですね。「仮名序」は紀貫之の書いた、日本で最初の歌論であり、修辞を駆使した格調高い文体や、その主張・歌論は、その後の歌人の「バイブル」となるほど大きな影響を与えます。紀貫之は、その後の日本文学・歌学全般に多大な影響を与えた大歌人でもあるのです。

《追記》『土佐日記』は、多くの学校教科書に冒頭と最後の箇所が取り上げられている作品です。国司に任命されて土佐（＝今の高知県）に赴任するシーンや、在任中に亡くなった娘を偲んで数々の哀歌を詠むシーン。そして帰京のシーン。私は生徒の一人が「読むと陰気になってしまう」などと言うのを耳にしたことありますが、本当にそうでしょうか。人は本当につらいことは話さず、黙って内に秘めてしまいたがるもの。自らの弱さを人目にさらすという彼の行為には、死を客観化することで、大切な人の死の呪縛から抜け出そうという強い意志を感じます。

10

◆レベルアップおめでとう！

さて、「レベル③標準編」はここでおしまいです。最後までよく頑張りましたね。本当にお疲れ様でした。

レベル③では、共通テストの実戦演習を通じて、「共通テストの古文の読解法」を完璧に身につけました。本書をマスターしたみなさんはすでに、共通テストの古文を読み取る基礎力が十分に固まっています。そして、共通テストはもちろん、国公立大・中堅私大の過去問にチャレンジできるレベルにまで到達していることでしょう。

このままさらに読解力・応用力を高め、共通テストや中堅私大の古文で常に高得点を獲得したい人は、「レベル④中級編」に進んでください。では、またお会いしましょう。

【音声学習】全古文の朗読音声を再生 ▶▶▶

右の二次元コードを読み込むと、本書に収録された全古文（第1回～第10回の問題文）の朗読音声が「全編通し」で再生できます。本書の復習や音読学習などにご活用ください。 ☞

巻末付録

重要事項のまとめ

❶基本読解マニュアル

【主語同一用法・主語転換用法】

①**主語同一《どういつ》用法**（＝⬇の印で明示）…接続助詞＊1「て・で」の前後の主語は**同じ**であることが多い＊2という法則。

②**主語転換《てんかん》用法**（＝♻の印で明示）…接続助詞「を・に・が・ど・ば」の前後では主語が**変わること**が多い＊2という法則。

❖これらの用法を用いることで、省略された主語を補足しやすくなる。

例 かの人の入りにし方《かた》に入れば♻〈単接〉、塗籠《ぬりごめ》あり。そこにゐて⬇、もののたまへど♻〈逆接〉、をさをさ答《いら》へもせず。（宇津保物語）

【訳】（男が）あの女の入っていった方に入ると、**塗籠**（＝部屋）がある。（男は）そこに座って、（男が）何かおっしゃるが、（女は）ほとんど返事もしない。

主語Ⓐ → 活用語 て、で、 →（主語は同じ）→ 主語Ⓐ

主語Ⓐ → 活用語 を、に、が、ど、ば、 →（主語が変わる）→ 主語Ⓑ

※例外もあるので注意！

◆**補足説明**

＊1 接続助詞…文と文をつなぐ働きをする助詞。詳細は後見返しの【助詞】一覧表を参照。**格助詞**にも「を・に・が」があるので、明確に区別すること。

＊2 ただし、例外も少なくない。省略された主語を補足するための一つの**目安**であると考え、**文脈**も重視しながら判断すること。

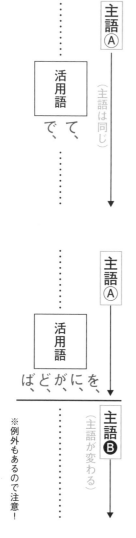

【心中表現文・会話文・挿入句を区切る】

① 地の文[*3]の中に、心中表現文[*4]や（「　」の付いていない）会話文[*5]があったら「　」を書き込んで区切る。挿入句[*6]があったら（　）で区切る。

❖区切ることで、主語と述語の関係や文脈が明確になり、読解がしやすくなる。

② 左図のように、心中表現文・会話文は、読点《とうてん》（、）または句点《くてん》（。）の直後から始まり、「とて、[*7]」や「と思ふ／と言ふ」などの直前で終わるのが原則。挿入句は、読点《とうてん》（、）の直後から始まり、最後が「……にや、／……にか、／……推量、」という形になっているのが原則。

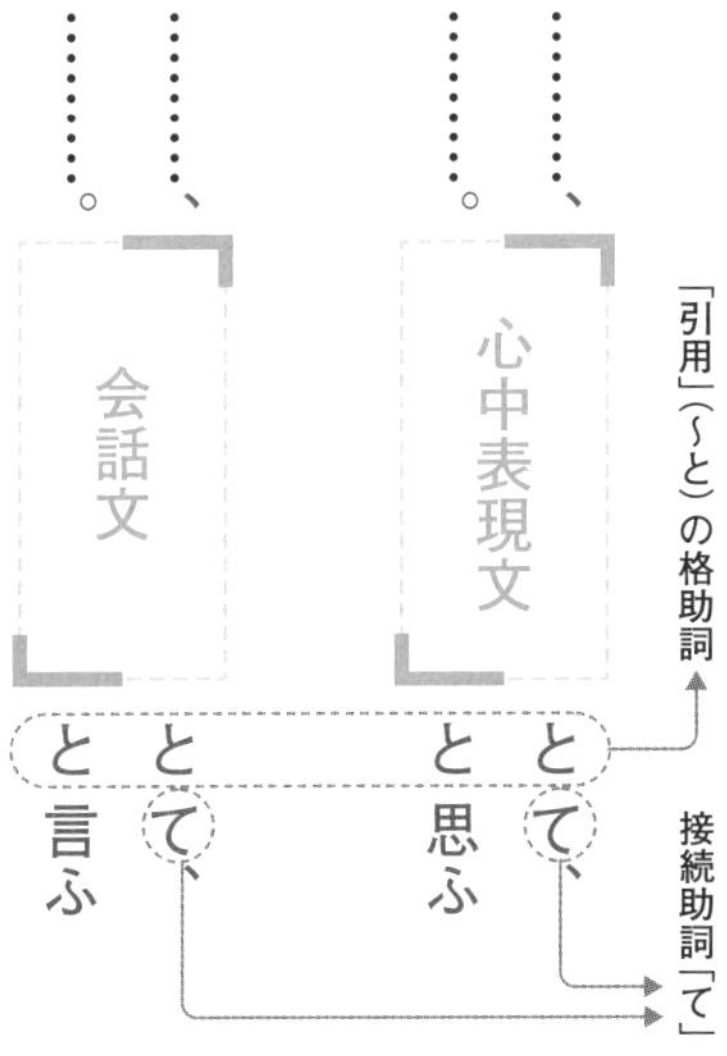

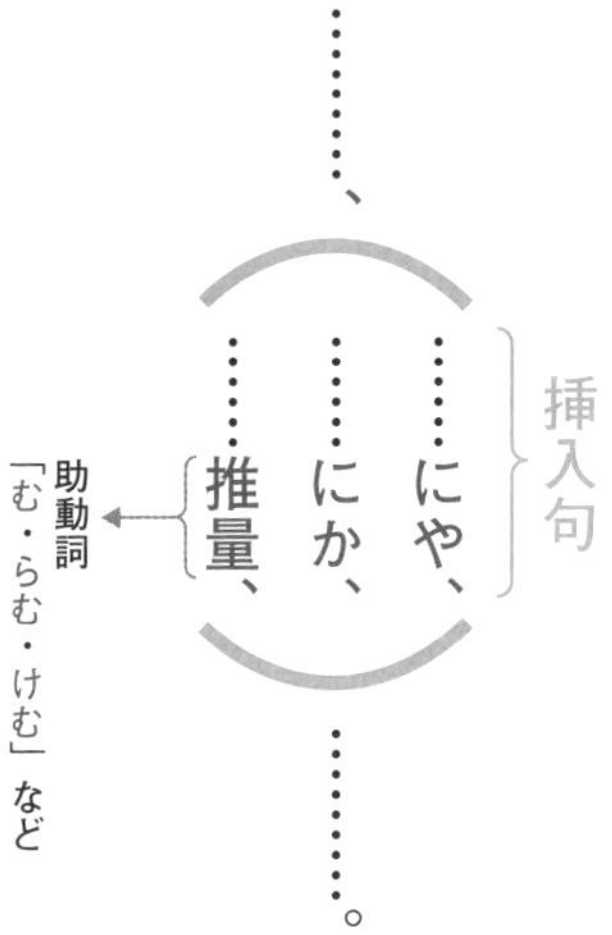

*3 地《じ》の文…「　」以外の文で、ふつうに物事を述べている文のこと。

*4 心中《しんちゅう》表現文…登場人物が心の中で思ったり言ったりしたことを表現した文（ふつう「　」は付かない）。心中思惟《しい》ともいう。

*5 会話文…地の文に対して、実際に口に出して話された文のこと。通常は「　」が付いているが、付いていない場合もある。

*6 挿入句《そうにゅうく》…地の文の中に挿入された、作者や話し手の疑問や意見のこと。読点（、）で区切って地の文に挟み込んでいるので、「ハサミコミ」ともいう。

*7 …この「と」は引用（〜と）を表す格助詞。基本的には、「と思ふ」なら心中表現文、「と言ふ」なら会話文であると考えること。「思ふ・言ふ」などの動詞は「敬語」になる場合もあるので注意。
(例) 思ふ→おぼす
言ふ→おほす・申す

❷ 動詞の活用の種類

	動詞の活用の種類	語（例）	語幹	未然形（〜ず）	連用形（〜たり）	終止形（〜。）	連体形（〜とき）	已然形（〜ども）	命令形（〜。）	活用の名称の考え方
規則変化動詞	四段活用	行く	行	か｜a	き｜i	く｜u	く｜u	け｜e	け｜e	**四つの段**（a・i・u・e）に活用
	上一段活用	着る		き｜i	き｜i	きる｜i	きる｜i	きれ｜i	きよ｜i	**上の一段**（i）に規則的に活用
	上二段活用	起く	起	き｜i	き｜i	く｜u	くる｜u	くれ｜u	きよ｜i	**上の二段**（i・u）に規則的に活用
	下一段活用	蹴る		け｜e	け｜e	ける｜e	ける｜e	けれ｜e	けよ｜e	**下の一段**（e）に規則的に活用
	下二段活用	受く	受	け｜e	け｜e	く｜u	くる｜u	くれ｜u	けよ｜e	**下の二段**（u・e）に規則的に活用
不規則変化動詞	カ行変格活用	来		こ｜o	き｜i	く｜u	くる｜u	くれ｜u	こ｜こよ｜o	**カ行**に不規則に活用
	サ行変格活用	す		せ｜e	し｜i	す｜u	する｜u	すれ｜u	せよ｜e	**サ行**に不規則に活用
	ナ行変格活用	死ぬ	死	な｜a	に｜i	ぬ｜u	ぬる｜u	ぬれ｜u	ね｜e	**ナ行**に不規則に活用
	ラ行変格活用	有り	有	ら｜a	り｜i	り｜i	る｜u	れ｜e	れ｜e	**ラ行**に不規則に活用

◆補足説明

①**未然形**…下に「**ず**」などが続くときの形。「未然」は、「まだそうなっていない」の意。

②**連用形**…下に助動詞「**たり**」や接続助詞「**て**」、**用言**などが続く（用言に連なる）ときの形。

③**終止形**…下に「。」が付く（文が終わる）言い切りの形。

④**連体形**…下に「**とき**」や「**こと**」などの名詞が続く（体言に連なる）ときの形。

⑤**已然形**…下に接続助詞の「**ども**」・「**ど**」などが続くときの形。「已然」は、「すでにそうなっている」の意。現代語の文法では「仮定形」とされる。

⑥**命令形**…**命令・指示**を表して**文末で言い切る**ときの形。

3 絶対に覚えなければならない動詞

行	活用の種類	基本形	語幹	未然形	連用形	終止形	連体形	已然形	命令形
ヤ行	上一段活用	射《い》る・鋳《い》る・沃《い》る		い	い	いる	いる	いれ	いよ
マ行	上一段活用	見《み》る		み	み	みる	みる	みれ	みよ
カ行	上一段活用	着《き》る		き	き	きる	きる	きれ	きよ
ワ行	上一段活用	居《ゐ》る・率《ゐ》る		ゐ	ゐ	ゐる	ゐる	ゐれ	ゐよ
ハ行	上一段活用	干《ひ》る		ひ	ひ	ひる	ひる	ひれ	ひよ
ナ行	上一段活用	似《に》る・煮《に》る		に	に	にる	にる	にれ	によ
カ行	下一段活用	蹴《け》る		け	け	ける	ける	けれ	けよ
カ行	変格活用	来《く》		こ	き	く	くる	くれ	こ こよ
サ行※1	変格活用	す		せ	し	す	する	すれ	せよ
		おはす	おは	せ	し	す	する	すれ	せよ
ナ行	変格活用	死《し》ぬ・往《い》ぬ(去《い》ぬ)	死・往(去)	な	に	ぬ	ぬる	ぬれ	ね
ラ行	変格活用	有《あ》り・居《を》り	有・居	ら	り	り	る	れ	れ
		侍《はべ》り・在《いま》そがり	侍・在そが	ら	り	り	る	れ	れ

※右表のとおり、上一段は10語、下一段とカ変は各1語、サ変とナ変は各2語、ラ変は4語しかない。

●活用を間違えやすい動詞

一部の古語は、現代語とは活用が異なるため、**活用を暗記するしかない。**

▼ヤ行上二段活用

□**おゆ**【老ゆ】
□**くゆ**【悔ゆ】
□**むくゆ**【報ゆ】
［い―い―ゆ―ゆる―ゆれ―いよ］

▼下二段活用

□**う**【得】（ア行）
［え―え―う―うる―うれ―えよ］
□**ふ**【経】（ハ行）
［へ―へ―ふ―ふる―ふれ―へよ］
□**ぬ**【寝】（ナ行）
［ね―ね―ぬ―ぬる―ぬれ―ねよ］
※語の全体が変化するので注意

▼ワ行下二段活用（3語のみ）

□**うう**【植う】
□**うう**【飢う】
□**すう**【据う】
［ゑ―ゑ―う―うる―うれ―ゑよ］

※1…サ変動詞は2語のみだが、名詞や漢語などに「す」が付いた語も**サ変動詞**となる。
㊎「ものす」「御覧ず」など

❹ 形容詞・形容動詞の活用

① **形容詞**…**物事の状態・様子**などを表し、言い切りの形（終止形）が「〜し」となる語。

② **形容動詞**…形容詞と同様に**物事の状態・様子**などを表し、言い切りの形（終止形）が「**〜なり**」や「〜たり」となる語。

【形容詞の活用表】

基本形	語幹	未然形	連用形	終止形	連体形	已然形	命令形	活用名
面白《おもしろ》し	面白	（く）	く	し	き	けれ		**ク活用**
		から	かり		かる		かれ	**（カリ活用）**[*1]
美《うつく》し	美	（しく）	しく	し	しき	しけれ		**シク活用**
		しから	しかり		しかる		しかれ	**（カリ活用）**

【形容動詞の活用表】

基本形	語幹	未然形	連用形	終止形	連体形	已然形	命令形	活用名
まめなり	まめ	なら	なり	なり	なる	なれ	なれ	**ナリ活用**
			に[*2]					
堂々たり	堂々	たら	たり	たり	たる	たれ	たれ	**タリ活用**
			と					

◆補足説明

＊1 **カリ活用**…下に**助動詞**が付くときに使われる形。形容詞の「ク活用」にラ変動詞「あり」が付いてできたとされる。
(例)「〜く《ku》＋あ《a》り」→「〜か《ka》り」

　終止形と已然形は用法がないため活用表では空欄になっている。ただし、「**多し**」だけ例外で、「**多かり。**（終止形）」や「**多かれ**ど、（已然形）」のように用いられることがある。

＊2…連用形は「**なり**」と「**に**」があるが、「**なり**」は**助動詞**が下に付くときに用いられ、「**に**」は**助動詞以外**が下に付くときに用いられる。タリ活用の連用形「**たり**」と「**と**」も同様。

S 呼応の副詞一覧

★★★＝最頻出（よく出る） ★★＝頻出 ★＝標準（時々出る）

頻出度	呼応の副詞	下に伴う表現		訳し方
★	おほかた	↓ず・じ・まじ・で・なし	打消	全く…ない
★	つゆ	〃	〃	〃
★★★	さらに	〃	〃	〃
★	あへて	〃	〃	進んでは［いっこうに］…ない
★	をさをさ	〃	〃	ほとんど…ない
★	いさ	〃	〃	さあ…ない
★	いと	〃	〃	たいして…ない
★	よに	〃	〃	決して［全然］…ない
★	よも	↓じ	打消推量	まさか［決して］…ないだろう
★★★	え	↓ず・じ・まじ・で・なし	不可能	…できない
★★★	な	↓そ	禁止	…するな・…してくれるな
★	ゆめ	↓な・べからず・まじ・ざれ・なかれ	〃	決して…するな
★	いつしか	↓む・らむ・けむ	推量	いつか（いつの間に）…だろう
★		↓なむ・ばや・がな	願望	早く…したい（してほしい）
★★★	いかで	↓む・らむ・けむ	推量	どうして…だろう
★★		↓なむ・ばや・がな	願望	なんとかして…したい（してほしい）
★★	いかに	↓や・か ＊3	疑問・反語	どうして…〔だろう〕か〔、いや…ない。〕
★★★	など	↓（や・か） ＊4	〃	〃
★★	な（ん）ぞ	〃	〃	〃

◆補足説明

＊3…疑問・反語を表す係助詞「や・か」があると、文末は**連体形**となる（係結び）。

＊4…副詞「など」「な（ん）ぞ」などの「疑問語」は、文中に「や・か」を伴わなくても文末を**連体形**にする。これも係結びの一種である。

◆6 語の識別

問題文にある傍線部を解釈する場合など、古文を正確に読解するためには、語をすべて一語ずつ「単語分け」して、その品詞・活用形・意味を**識別**する力をつけなければなりません。語を識別する際は、その語が**自立語**（の一部）なのか**付属語**なのかを区別してから考えます。識別では、**接続と活用**に注目するのが基本です。特に付属語の場合、**接続**が識別の決め手になります。

❶「に」の識別

自立語

- 静かに → Ⓐ形容動詞の連用形
- 死に・往に → Ⓑナ変の連用形
- つひに・つねに／よに・げに／まことに・いかに／ひとへに・ことに／さらに・すでに → Ⓒ副詞

付属語

- 連用形 ＋ に（き／けり／たり／けむ） → Ⓓ完了の助動詞「ぬ」の連用形
- 連体形 → に、 → Ⓔ接続助詞「に」
- 連体形／体言 → に（て、／して、／＋（係助詞）＋（ラ変動詞）） → Ⓕ断定の助動詞「なり」の連用形
- 体言（場所）（連体形） → に → Ⓖ格助詞「に」「にて」

◆**「レベル① 文法編」参照**

識別の図や脚注は、『古文レベル別問題集① 文法編』からの抜粋です。文法を「ゼロ」から「最短距離」でマスターしたい人は「レベル①」をご一読ください。大学受験に必要な文法は、すべてその薄い一冊に記載されています。

「に」の識別法

Ⓐ…「に」の上に「か・ら・げ」の文字があれば、**形容動詞（ナリ活用）**の連用形の一部である場合が多い。

Ⓓ…「に」が**連用形**接続で、下に過去・完了の助動詞（き・けり・たり・けむ）が続けば、**完了の助動詞「ぬ」**の連用形。

Ⓕ…「に」が**連体形**か**体言**に接続して、下に接続助詞「て・して」や「**（係助詞）＋（ラ変）**」が続くとき、「に」は断定の**助動詞「なり」**の連用形。ただし、後ろの**係助詞**や**ラ変動詞**はどちらかが省略される場合も多いので注意。

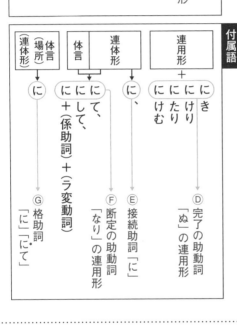

❷「なり」の識別

自立語

「か・ら・げ」（唐揚げ）の文字が多い → 静かなり → Ⓐ形容動詞

「と・く・う・に」（特ウニ）の文字が多い → 僧になり → Ⓑ四段活用動詞「成る」の連用形

付属語（助動詞）

言ふ・聞く・伝ふ・鳴く など（聴覚に関する用言）→ 終止形／ラ変連体形 ＋ なり → Ⓒ伝聞・推定

連体形／体言 ＋ なり → Ⓓ断定

場所・地名 ＋ なり → Ⓓ′存在

❸「なむ」の識別

自立語

死なむ／往《い》なむ／去《い》なむ（ナ変＋推量）→ Ⓐナ変の未然形＋推量の助動詞「む」

付属語

未然形 ＋ なむ。（句点）→ Ⓑ願望の終助詞

連用形 ＋ な（強意）む（推量）→ Ⓒ強意の助動詞「ぬ」の未然形＋推量の助動詞「む」

なむ … 動詞（係結び）→ Ⓓ係助詞

「なり」の識別法

ⒶⒷ…形容動詞は「なり」の上に「か・ら・げ」の文字があることが多い。動詞の「なり」の上には格助詞や形容詞の活用語尾（と・く・う・に）がくる場合が多い。

ⒸⒹ…**終止形**または**ラ変型に活用する語の連体形**に接続していればⒸ、（ラ変以外の）**連体形**または**体言**に接続していればⒹである。

※Ⓒの「なり」は、「言ふ・聞く」など「耳」に関する動詞の**終止形**に接続することが多い。

「なむ」の識別法

Ⓑ…**未然形**接続で下に「句点（。）」がある（文末にある）場合は終助詞「なむ」。

Ⓒ…助動詞「つ・ぬ」は主に**完了**の意味を表すが、下に**推量**の助動詞が付いた「**てむ・なむ・つべし・ぬべし**」の形はすべて「**強意＋推量**」（きっと…**だろう**）の意味になるので注意。「な」は**連用形**接続、「**む**」は**未然形**接続である点にも注目。

❹「ぬ」と「ね」の識別

「ぬ」の識別

- 未然形 → ぬ（体言）→ Ⓐ打消の助動詞「ず」の連体形
- 連用形 → ぬ。→ Ⓑ完了の助動詞「ぬ」の終止形
- 連用形 → ぬべし／ぬらむ／ぬめり → Ⓒ強意の助動詞「ぬ」の終止形

「ね」の識別

- 未然形 → ねば、／ねど、／ねども、→ Ⓓ打消の助動詞「ず」の已然形
- 連用形 → ね。→ Ⓔ完了の助動詞「ぬ」の命令形

❺「らむ」の識別

自立語

「ら」は自立語の一部 ← 良か《ka》らむ

（用言の未然形＋推量の助動詞）

- 良か《ka》**らむ** → 形容詞の未然形＋「む」
- 静かな《na》**らむ** → 形容動詞の未然形＋「む」
- 取《to》**らむ** → 四段動詞の未然形＋「む」
- あ《a》**らむ** → ラ変動詞の未然形＋「む」
- な《na》**らむ** → 四段動詞の未然形＋「む」

→ Ⓐ

断定の助動詞「なり」の未然形である場合もある。

付属語（助動詞）

- 「〜ウ《u》」 終止形／ラ変 連体形 → らむ → Ⓑ現在推量の助動詞「らむ」の終止形または連体形
- 「〜エ《e》」 サ変 未然形／四段 已然形 → ら／む → Ⓒ完了（存続）の助動詞「り」の未然形＋推量の助動詞「む」
- 未然形 → ざ《za》ら／む → Ⓓ打消の助動詞「ず」の未然形＋推量の助動詞「む」

「ぬ」と「ね」の識別法

Ⓐ…「ぬ」が**未然形**接続で**連体形**（下に体言がある）の場合。

ⒷⒸ…「ぬ」が**連用形**接続で**終止形**の場合。文末の「ぬ。」は、打消の助動詞「ず」が係結びで**連体形（ぬ）**になっている可能性もあるので注意。

Ⓒ…下に推量の助動詞が付いた「**ぬべし・ぬらむ・ぬめり**」の「ぬ」。

Ⓓ…「ね」が**未然形**接続で**已然形**の場合。接続助詞「ば」「ど・ども」は**已然形**接続。

Ⓔ…連用形接続で命令形の場合。

「らむ」の識別法

Ⓑ…「らむ」が終止形かラ変連体形に接続する場合（＝直前の音は「〜ウ《u》」）。

Ⓒ…「らむ」がサ変未然形か四段已然形（「〜エ《e》」の音）に接続する場合。

Ⓐ…「らむ」が「〜ウ《u》・〜エ《e》」以外の音（＝「〜ア《a》・〜イ《i》・〜オ《o》」）に接続する場合。ただⒹの場合も時々あるので注意。

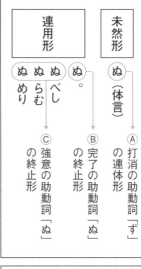

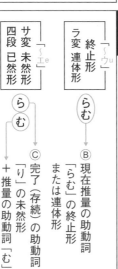

❻「し」の識別

自立語

美し → Ⓐ形容詞の終止形活用語尾

移して、 → Ⓑサ行四段活用動詞の連用形活用語尾

（接続助詞「て」）

読経して、 → Ⓒサ変動詞の連用形

付属語

連用形／サ変未然形（せ）・カ変未然形（こ）＋ し（体言） → Ⓓ過去の助動詞「き」の連体形

連用形 ＋ して、 → Ⓔ接続助詞「して」の一部

し（も） 動詞 → Ⓕ副助詞「し」（強意）

体言 ＋ して → Ⓖ格助詞「して」の一部

「し」の識別法

Ⓓ…過去の助動詞「き」の連体形の「し」は、基本的には**連用形**に接続するが、**サ変とカ変の未然形（せ／こ）**にも接続して「**せし・せしか**／**こし・こしか**」という形を取ることもあるので要注意。

Ⓔ…連用形に接続する「**して、**」の「し」はほぼⒺ。接続助詞「して」は、**単純な接続**（…て）の用法を持ち、上には形容詞の連用形活用語尾（〜**く**）や助動詞「ず」の連用形（**ず**）がくることが多い。

Ⓕ…動詞の上にある「し（も）」は副助詞。

Ⓖ…**体言**に接続する「して」にはⒸとⒼがあるが、「（体言）**をする**」と訳せる場合はⒸ、訳せない場合はⒼである。

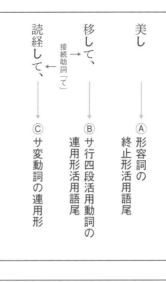

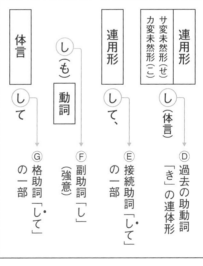

❼ 敬語の種類

【主な尊敬語】

最 ←最高敬語の印

最高敬語	頻出度	尊敬語	漢字表記	活用	通常語	訳し方（本動詞）
	★★★	たまふ	【給ふ】	ハ四	与ふ やる	お与えになる・くださる（補助動詞の場合）「お～になる・～なさる」
	★	たぶ（たうぶ）	【賜ぶ・給ぶ】	バ四		
	★★	おはす	【御座す】	サ変	あり をり 行く 来	いらっしゃる（補助動詞の場合）「～ていらっしゃる」
最	★★	おはします	【御座し坐す】	サ四		
		いまそがり	【在そがり】	ラ変		
	★★	のたまふ	【宣ふ】	ハ四	言ふ	おっしゃる
最	★	のたまはす	【宣はす】	サ下二		
	★★	おほす	【仰す】	サ下二		
	★★★	おぼす	【思す】	サ四	思ふ	お思いになる
		おもほす	【思ほす】	サ四		
	★	きこす	【聞こす】	サ四	聞く	お聞きになる
	★★	めす	【召す】＊1	サ四	飲む 食ふ 着る 乗る	お召しになる
最	★	あそばす	【遊ばす】	サ四	す	なさる
最	★★	ごらんず	【御覧ず】	サ変	見る	ご覧になる
最	★	おほとのごもる	【大殿籠る】	ラ四	寝 寝ぬ	お休みになる
	★	つかはす	【遣はす】	サ四	遣る	おやりになる

◆補足説明

＊1…「めす」が**補助動詞**の場合、敬意を含む動詞（敬語動詞）の**連用形**に付いて、**さらに敬意を高める（最高敬語にする）働き**をする。

例 おぼす＋**めす**→おぼし**めす**

例 きこす＋**めす**→きこし**めす**

※「見《め》す」だと「ご覧になる」と訳す場合がある。

＊2…「きこゆ【聞こゆ】」は、「**聞こえる・評判になる**」という意味のふつうの動詞として用いられる場合もあるので、文脈に注意。

＊3…「たてまつる」「まゐる」は主に**謙譲語**として使われるが、時々**尊敬語**（訳：**お召しになる**）としても用いられる。

＊4…「たまはる」は主に**謙譲語**として使われるが、時々「たまふ」と同じ意味の**尊敬語**（訳：**お与えになる**）としても用いられる。

【主な謙譲語】

絶 ←絶対敬語の印

頻出度	尊敬語	漢字表記	活用	通常語	訳し方（本動詞の場合）
★★★	まうす	【申す】	サ四	言ふ	申し上げる（補助動詞の場合）「お～する・（お）～申し上げる」
★★★	きこゆ	【聞こゆ】＊2	ヤ下二		
★	絶 きこえさす	【聞こえさす】	サ下二		
★★	絶 そうす・けいす	【奏す・啓す】	サ変		※「奏す」は天皇に対して、「啓す」は中宮や皇太子に対して「申し上げる」の意。どちらもサ変動詞なので注意。
★★★	たてまつる	【奉る】＊3	ラ四	与ふ やる	差し上げる・献上する（補助動詞の場合）「お～する・（お）～申し上げる」
★★★	絶 まゐらす	【参らす】	サ下二		
★★★	まゐる	【参る】＊3	ラ四	行く やる	参上する・差し上げる
★	まうづ	【詣づ】	ダ下二	行く	参上する・参詣する
★	まかる・まかづ	【罷る・罷づ】	ラ四	去る 出づ	退出する
★★	うけたまはる	【承る】	ラ四	聞く 受く	お聞きする・伺う・いただく
★	たまはる	【賜る】＊4	ラ四	受く	いただく・頂戴する
★★★	たまふ	【給ふ】＊5	ハ下二		～せていただく（～です／ます）

【主な丁寧語】

頻出度	尊敬語	漢字表記	活用	通常語	訳し方（本動詞の場合）
★★★	はべり	【侍り】	ラ変	あり をり	あります・おります＊6（補助動詞の場合）「～です／ます」
★★	さぶらふ（さうらふ）	【候ふ】	ハ四		

＊5…「給ふ」は謙譲の**補助動詞**として用いられる場合もあり、「**～です／ます**」または「**～せていただく**」と訳す。

(例) 主人の女ども多かりと聞き**給へ**て、（訳:主人の娘たちが多いと聞き**まして**、（＝**お聞きして**、））

※謙譲語の場合、活用は**八行下二段**活用（給［へ―へ―ふ―ふる―ふれ―へよ］）になる。

※謙譲語の「給へ」は、次の形以外で使われている用例がない。

(1)「**会話文**」・「**手紙文**」の中にある。

(2)「**聞き**給へ」「**見**給へ」「**思ひ**給へ」「**覚え**給へ」「**知り**給へ」という形である。これ以外の「給へ」はすべて**尊敬語**だと判断してよい。

＊6…「侍り・候ふ」は、**謙譲語**（本動詞）で「**お仕えする**」と訳す場合もある。

【訂正のお知らせはコチラ】 ▶▶▶

本書の内容に万が一誤りがございました場合は，東進 WEB 書店〈https://www.toshin.com/books/〉の本書ページにて随時お知らせいたしますので，こちらをご確認ください。☞

大学受験 レベル別問題集シリーズ

古文レベル別問題集③ 標準編

発行日：二〇二二年六月三〇日　初版発行
発行日：二〇二四年七月一七日　第三刷発行

著　者：富井健二

発行者：永瀬昭幸
発行所：株式会社ナガセ
〒180-0003　東京都武蔵野市吉祥寺南町一-一九-二
出版事業部（東進ブックス）
TEL：0422-70-7456／FAX：0422-70-7457
※東進ブックスの情報は「東進WEB書店 <www.toshin.com/books>」をご覧ください。

編集担当：八重樫清隆

編集協力：紫草学友舎　山下芽久　佐廣美有　板谷優初
本文イラスト：松井文子
古文音声朗読：加賀美幸子
DTP・装丁：東進ブックス編集部
印刷・製本：シナノ印刷㈱

Printed in Japan　ISBN978-4-89085-904-7　C7381

東進ブックス

合格の秘訣1

全国屈指の実力講師陣

東進の実力講師陣 数多くのベストセラー参考書を執筆!!

東進ハイスクール・東進衛星予備校では、そうそうたる講師陣が君を熱く指導する!

本気で実力をつけたいと思うなら、やはり根本から理解させてくれる一流講師の授業を受けることが大切です。東進の講師は、日本全国から選りすぐられた大学受験のプロフェッショナル。何万人もの受験生を志望校合格へ導いてきたエキスパート達です。

英語

雑誌『TIME』やベストセラーの翻訳も手掛け、英語界でその名を馳せる実力講師。

宮崎 尊先生
[英語]

爆笑と感動の世界へようこそ。「スーパー速読法」で難解な長文も速読即解!

渡辺 勝彦先生
[英語]

100万人を魅了した予備校界のカリスマ。抱腹絶倒の名講義を見逃すな!

今井 宏先生
[英語]

本物の英語力をとことん楽しく!日本の英語教育をリードするMr.4Skills.

安河内 哲也先生
[英語]

関西の実力講師が、全国の東進生に「わかる」感動を伝授。

慎 一之先生
[英語]

全世界の上位5%(PassA)に輝く、世界基準のスーパー実力講師!

武藤 一也先生
[英語]

いつのまにか英語を得意科目にしてしまう、情熱あふれる絶品授業!

大岩 秀樹先生
[英語]

数学

明快かつ緻密な講義が、君の「自立した数学力」を養成する!

寺田 英智先生
[数学]

「ワカル」を「デキル」に変える新しい数学は、君の思考力を刺激し、数学のイメージを覆す!

松田 聡平先生
[数学]

論理力と思考力を鍛え、問題解決力を養成。多数の東大合格者を輩出!

青木 純二先生
[数学]

数学を本質から理解し、あらゆる問題に対応できる力を与える珠玉の名講義!

志田 晶先生
[数学]

国語

ビジュアル解説で古文を簡単明快に解き明かす実力講師。
富井 健二先生
[古文]

東大・難関大志望者から絶大なる信頼を得る本質の指導を追究。
栗原 隆先生
[古文]

明快な構造板書と豊富な具体例で必ず君を納得させる！「本物」を伝える現代文の新鋭。
西原 剛先生
[現代文]

「脱・字面読み」トレーニングで、「読む力」を根本から改革する！
輿水 淳一先生
[現代文]

文章で自分を表現できれば、受験も人生も成功できますよ。「笑顔と努力」で合格を！
石関 直子先生
[小論文]

小論文、総合型、学校推薦型選抜のスペシャリストが、君の学問センスを磨き、執筆プロセスを直伝！
正司 光範先生
[小論文]

幅広い教養と明解な具体例を駆使した緩急自在の講義。漢文が身近になる！
寺師 貴憲先生
[漢文]

縦横無尽な知識に裏打ちされた立体的な授業に、グングン引き込まれる！
三羽 邦美先生
[古文・漢文]

理科

「いきもの」をこよなく愛する心が君の探究心を引き出す！生物の達人。
飯田 高明先生
[生物]

「なぜ」をとことん追究し「規則性」「法則性」が見えてくる大人気の授業！
立脇 香奈先生
[化学]

化学現象を疑い化学全体を見通す"伝説の講義"は東大理三合格者も絶賛。
鎌田 真彰先生
[化学]

正しい道具の使い方で、難問が驚くほどシンプルに見えてくる！
宮内 舞子先生
[物理]

地歴公民

世界史を「暗記」科目だなんて言わせない。正しく理解すれば必ず伸びることを一緒に体感しよう。
加藤 和樹先生
[世界史]

"受験世界史に荒巻あり"と言われる超実力人気講師！世界史の醍醐味を。
荒巻 豊志先生
[世界史]

つねに生徒と同じ目線に立って、入試問題に対する的確な思考法を教えてくれる。
井之上 勇先生
[日本史]

歴史の本質に迫る授業と、入試頻出の「表解板書」で圧倒的な信頼を得る！
金谷 俊一郎先生
[日本史]

「今」を知ることは「未来」の扉を開くこと。受験に留まらず、目標を高く、そして強く持て！
執行 康弘先生
[公民]

政治と経済のメカニズムを論理的に解明しながら、入試頻出ポイントを明確に示す。
清水 雅博先生
[公民]

わかりやすい図解と統計の説明に定評。
山岡 信幸先生
[地理]

どんな複雑な歴史も難問も、シンプルな解説で本質から徹底理解できる。
清水 裕子先生
[世界史]

※書籍画像は2024年3月末時点のものです。

合格の秘訣2 ココが違う 東進の指導

01 人にしかできないやる気を引き出す指導

夢と志は志望校合格への原動力！

夢・志を育む指導

東進では、将来を考えるイベントを毎月実施しています。夢・志は大学受験のその先を見据える、学習のモチベーションとなります。仲間とワクワクしながら将来の夢・志を考え、さらに志を言葉で表現していく機会を提供します。

受験は団体戦！仲間と努力を楽しめる

チーム制

東進ではチームミーティングを実施しています。週に1度学習の進捗報告や将来の夢・目標について語り合う場です。一人じゃないから楽しく頑張れます。

一人ひとりを大切に君を個別にサポート

担任指導

東進が持つ豊富なデータに基づき君だけの合格設計図をともに考えます。熱誠指導でどんな時でも君のやる気を引き出します。

現役合格者の声

東京大学 文科一類
中村 誠雄くん
東京都 私立 駒場東邦高校卒

林修先生の現代文記述・論述トレーニングは非常に良質で、大いに受講する価値があると感じました。また、担任指導やチームミーティングは心の支えでした。現状を共有でき、話せる相手がいることは、東進ならではで、受験という本来孤独な闘いにおける強みだと思います。

02 人間には不可能なことをAIが可能に

学力×志望校 一人ひとりに最適な演習をAIが提案！

AI演習

東進のAI演習講座は2017年から開講していて、のべ100万人以上の卒業生の、200億題にもおよぶ学習履歴や成績、合否等のビッグデータと、各大学入試を徹底的に分析した結果等の教務情報をもとに年々その精度が上がっています。2024年には全学年にAI演習講座が開講します。

AI演習講座ラインアップ

高3生 苦手克服＆得点力を徹底強化！

「志望校別単元ジャンル演習講座」
「第一志望校対策演習講座」
「最難関4大学特別演習講座」

高2生 大学入試の定石を身につける！

「個人別定石問題演習講座」

高1生 素早く、深く基礎を理解！

「個人別基礎定着問題演習講座」 2024年夏 新規開講

現役合格者の声

千葉大学 医学部医学科
寺嶋 伶旺くん
千葉県立 船橋高校卒

高1の春に入学しました。野球部と両立しながら早くから勉強をする習慣がついていたことは僕が合格した要因の一つです。「志望校別単元ジャンル演習講座」は、AIが僕の苦手を分析して、最適な問題演習セットを提示してくれるため、集中的に弱点を克服することができました。

東進で勉強したいが、近くに校舎がない君は…

東進ハイスクール 在宅受講コースへ

「遠くて東進の校舎に通えない……」。そんな君も大丈夫！ 在宅受講コースなら自宅のパソコンを使って勉強できます。ご希望の方には、在宅受講コースのパンフレットをお送りいたします。お電話にてご連絡ください。学習・進路相談も随時可能です。

0120-531-104

03 本当に学力を伸ばすこだわり

楽しい！わかりやすい！そんな講師が勢揃い

わかりやすいのは当たり前！おもしろくてやる気の出る授業を約束します。1・5倍速×集中受講の高速学習。そして、12レベルに細分化された授業を組み合わせ、スモールステップで学力を伸ばす君だけのカリキュラムをつくります。

実力講師陣

東進模試

本番レベル・スピード返却 学力を伸ばす模試

常に本番レベルの厳正実施。合格のために何をすべきか点数でわかります。WEBを活用し、最短中3日の成績表スピード返却を実施しています。

高速マスター

英単語1800語を最短1週間で修得！

基礎・基本を短期間で一気に身につける「高速マスター基礎力養成講座」を設置しています。オンラインで楽しく効率よく取り組めます。

パーフェクトマスターのしくみ

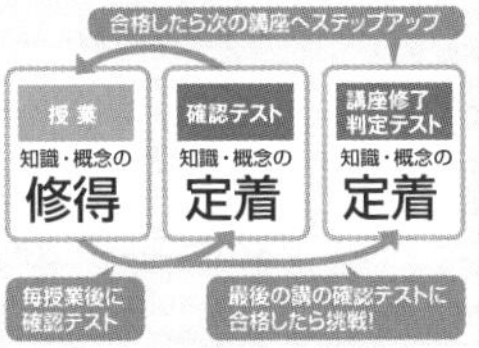

現役合格者の声

早稲田大学 基幹理工学部
津行 陽奈さん
神奈川県 私立 横浜雙葉高校卒

私が受験において大切だと感じたのは、長期的な積み重ねです。基礎力をつけるために「高速マスター基礎力養成講座」や授業後の「確認テスト」を満点にすること、模試の復習などを積み重ねていくことでどんどん合格に近づき合格することができたと思っています。

君の高校の進度に合わせて学習し、定期テストで高得点を取る！

ついに登場！

高等学校対応コース

目指せ！「定期テスト」20点アップ！

「先取り」で学校の勉強がよくわかる！

楽しく、集中が続く、授業の流れ

1.導入

授業の冒頭では、講師と担任助手の先生が今回扱う内容を紹介します。

2.授業

約15分の授業でポイントをわかりやすく伝えます。要点はテロップでも表示されるので、ポイントがよくわかります。

3.まとめ

授業が終わったら、次は確認テスト。その前に、授業のポイントをおさらいします。

合格の秘訣3

東進模試

申込受付中
※お問い合わせ先は付録7ページをご覧ください。

学力を伸ばす模試

本番を想定した「厳正実施」
統一実施日の「厳正実施」で、実際の入試と同じレベル・形式・試験範囲の「本番レベル」模試。
相対評価に加え、絶対評価で学力の伸びを具体的な点数で把握できます。

12大学のべ42回の「大学別模試」の実施
予備校界随一のラインアップで志望校に特化した"学力の精密検査"として活用できます（同日・直近日体験受験を含む）。

単元・ジャンル別の学力分析
対策すべき単元・ジャンルを一覧で明示。学習の優先順位がつけられます。

最短中5日で成績表返却
WEBでは最短中3日で成績を確認できます。※マーク型の模試のみ

合格指導解説授業
模試受験後に合格指導解説授業を実施。重要ポイントが手に取るようにわかります。

2024年度

東進模試 ラインアップ

共通テスト対策
- 共通テスト本番レベル模試……全4回
- 全国統一高校生テスト〈全学年統一部門〉〈高2生部門〉〈高1生部門〉……全2回

同日体験受験
- 共通テスト同日体験受験……全1回

記述・難関大対策
- 早慶上理・難関国公立大模試 全5回
- 全国有名国公私大模試 全5回
- 医学部82大学判定テスト 全2回

基礎学力チェック
- 高校レベル記述模試〈高2〉〈高1〉……全2回
- 大学合格基礎力判定テスト……全4回
- 全国統一中学生テスト〈全学年統一部門〉〈中2生部門〉〈中1生部門〉……全2回
- 中学学力判定テスト〈中2生〉〈中1生〉……全4回

※ 2024年度に実施予定の模試は、今後の状況により変更する場合があります。
最新の情報はホームページでご確認ください。

大学別対策
- 東大本番レベル模試……全4回
- 高2東大本番レベル模試 全4回
- 京大本番レベル模試……全4回
- 北大本番レベル模試……全2回
- 東北大本番レベル模試……全2回
- 名大本番レベル模試……全3回
- 阪大本番レベル模試……全3回
- 九大本番レベル模試……全3回
- 東工大本番レベル模試[第1回]／東京科学大本番レベル模試[第2回] 全2回
- 一橋大本番レベル模試……全2回
- 神戸大本番レベル模試……全2回
- 千葉大本番レベル模試……全1回
- 広島大本番レベル模試……全1回

同日体験受験
- 東大入試同日体験受験……全1回
- 東北大入試同日体験受験……全1回
- 名大入試同日体験受験……全1回

直近日体験受験……各1回
- 京大入試 直近日体験受験
- 北大入試 直近日体験受験
- 阪大入試 直近日体験受験
- 九大入試 直近日体験受験
- 東京科学大入試 直近日体験受験
- 一橋大入試 直近日体験受験

2024年 東進現役合格実績

受験を突破する力は未来を切り拓く力!

東大現役合格実績日本一[※1] 6年連続800名超!

現役生のみ! 講習生を含まず!

※1 2023年東大現役合格実績をホームページ・パンフレット・チラシ等で公表している予備校の中で最大(2023年JDnet調べ)。

東大834名

文科一類 118名　理科一類 300名
文科二類 115名　理科二類 121名
文科三類 113名　理科三類 42名
学校推薦型選抜 25名

現役合格者の36.5%が東進生!

全現役合格者に占める東進生の割合

2024年の東大全体の現役合格者は2,284名。東進の現役合格者は834名。東進生の占有率は36.5%。現役合格者の2.8人に1人が東進生です。

学校推薦型選抜も東進!

東大25名

学校推薦型選抜 現役合格者の27.7%が東進生!

推薦入試でも東進生現役占有率 27.7%

法学部 4名　工学部 8名
経済学部 1名　理学部 4名
文学部 1名　薬学部 2名
教育学部 1名　医学部医学科 1名
教養学部 3名

京大493名 昨対+21名

総合人間学部 23名
文学部 37名
教育学部 10名
法学部 56名
経済学部 49名
理学部 52名
医学部医学科 28名
医学部人間健康科学科 20名
薬学部 14名
工学部 161名
農学部 43名
特色入試(上記に含む) 24名

早慶5,980名 昨対+239名

早稲田大 3,582名 史上最高!※2
政治経済学部 472名
法学部 354名
商学部 297名
文化構想学部 276名
理工3学部 752名
他 1,431名

慶應義塾大 2,398名 史上最高!※2
法学部 290名
経済学部 368名
商学部 487名
理工学部 576名
医学部 39名
他 638名

医学部医学科 1,800名 昨対+9名

国公立医・医 1,033名 防衛医科大学校を含む
私立医・医 767名 史上最高!※2

国公立医・医1,033名 防衛医科大学校を含む

東京大 43名　名古屋大 28名　筑波大 21名　横浜市立大 14名　神戸大 30名
京都大 28名　大阪大 23名　千葉大 25名　浜松医科大 19名　その他
北海道大 18名　九州大 23名　東京医科歯科大 21名　大阪公立大 12名　国公立医・医 700名
東北大 28名

私立医・医 767名 昨対+40名 史上最高!※2

自治医科大 32名　慶應義塾大 39名　東京慈恵会医科大 30名　関西医科大 49名　その他
国際医療福祉大 80名　順天堂大 52名　日本医科大 42名　私立医・医 443名

旧七帝大+東工大・一橋大・神戸大 4,599名

東京大 834名　東北大 389名　九州大 487名　一橋大 219名
京都大 493名　名古屋大 379名　東京工業大 219名　神戸大 483名
北海道大 450名　大阪大 646名

上理明青立法中 21,018名

上智大 1,605名　青山学院大 2,154名　法政大 3,833名
東京理科大 2,892名　立教大 2,730名　中央大 2,855名
明治大 4,949名

国公立大16,320名

※2 史上最高…東進のこれまでの実績の中で最大。

国公立 総合・学校推薦型選抜も東進!

旧七帝大+東工大・一橋大・神戸大 434名

東京大 25名　大阪大 57名
京都大 24名　九州大 38名
北海道大 24名　東京工業大 30名
東北大 119名　一橋大 10名
名古屋大 65名　神戸大 42名

国公立医・医 319名

国公立大学の総合型・学校推薦型選抜の合格実績は、指定校推薦を除く、早稲田塾を含まない東進ハイスクール・東進衛星予備校の現役生のみの合同実績です。

関関同立13,491名

関西学院大 3,139名　同志社大 3,099名　立命館大 4,477名
関西大 2,776名

日東駒専9,582名

日本大 3,560名　東洋大 3,575名　駒澤大 1,070名　専修大 1,377名

産近甲龍6,085名

京都産業大 614名　近畿大 3,686名　甲南大 669名　龍谷大 1,116名

ウェブサイトでもっと詳しく　東進　検索

2024年3月31日締切

各大学の合格実績は、東進ネットワーク(東進ハイスクール、東進衛星予備校、早稲田塾)の現役生のみ、高3時在籍者のみの合同実績です。一人で複数合格した場合は、それぞれの合格者数に計上しています。

※2024年4月現在

【助詞】一覧表

※赤文字部分はすべて覚えましょう。

格助詞

▼体言に付き、その体言の文中での位置づけをする。

接続	助詞	用法
体言（体）	が・の	①主格（〜が） ②連体格（〜の） ③同格（〜で） ④準体格（〜のもの） ⑤比喩（〜のような・〜のように）
体言（体）	して	①方法・手段（〜で） ②使役の対象（〜に〔命じて〕） ③動作の共同者（〜と〔共に〕）
体言（体）	にて	①場所・時（〜で・〜のときに） ②手段・方法・材料（〜で） ③原因・理由（〜ので）
体言（体）	を	①対象（〜を） ②起点（〜から） ③経由（〜を通って）
体言（体）	に	①場所（〜に） ②時（〜に） ③対象・相手（〜に） ④原因・理由（〜により） ⑤変化の結果（〜に） ⑥比較の基準（〜に・〜より） ⑦強調
体言（体）	へ	①方向（〜へ・〜に）
体言（体）	と	①相手・共同者（〜と） ②変化の結果（〜と・〜に） ③引用（〜と） ④並列（〜と〜と） ⑤比較の基準（〜と・〜と比べて）
体言（体）	より	①起点（〜から） ②経由（〜を通って） ③方法・手段（〜で） ④比較（〜よりも） ⑤即時（〜するやいなや） ⑥原因・理由（〜ので）
体言（体）	から	①起点（〜から） ②経由（〜を通って） ③方法・手段（〜で） ④原因・理由（〜によって）

接続助詞

▼主に活用語に接続して、前後の文をつなぐ。

接続	助詞	用法
体	を・に・が	①単純な接続（…〔する〕と・…ところ・…が） ②逆接の確定条件（…だが） ③順接の確定条件〔原因・理由〕（…ので）
体	ものの・ものを・ものから・ものゆゑ	①逆接の確定条件（…だが）←「ものの」はこの意味のみ ②原因・理由（…ので）
未	ば	①順接の仮定条件（〔もし〕…ならば）
已	ば	①順接の確定条件 (a)原因・理由（…ので） (b)偶然・必然（…すると）
未	で	①打消接続（…ないで）
用	て・して	①単純な接続（…て・…で）
用	つつ	①反復・継続（…しては） ②同時（…しながら）
用	ながら	①逆接の確定条件（…だが・…ながら） ②同時（…しながら） ③継続（…のまま）
形用・動終	とも	①逆接の仮定条件（…しても）
已	ど・ども	①逆接の確定条件（…だが・…だけれども）

未＝未然形／用＝連用形／終＝終止形／体＝連体形／已＝已然形／命＝命令形

大学受験【古文】

古文レベル別問題集

3

標準編

問題編

東進ブックス

【問題編】目次

練習
PRACTICE

共通テストの古文読解マニュアル

❶ 共通テストを読解する手順

左頁の図のとおり、共通テストは、基本的に「**前書**《まえがき》」＋「**本文**（**【文章Ⅰ】**・**【文章Ⅱ】**）／**出典名**」＋「**注**」＋「**設問**（**問1～問5**）」という構成である。マニュアルとして、次の手順（①～⑤：左頁の丸数字と対応）で読解していくとよい。

【読解前】▼読解する前に①～③の確認をする！

① **「出典名」「前書」の確認**…どのようなジャンルの文章を読解するのか、どのような人物が登場するのか（老若男女・身分の高低などの違い）を読解に入る前に把握しておく。

② **「注」の確認**…「注」の中で人物の説明と和歌の説明の有無を確認し、読解に役立てるようにする。

③ **「設問」の確認**…特に**間違い探しの設問**（**問4**か**問5**に多い）があれば読解前に内容を確認する。

※最後の設問（**問5**または**問4**）は、二文を比較した説明の正誤問題や、二文を比較する教師と生徒の会話をふまえた内容一致問題が出やすい《新傾向》。本文中に和歌があれば、それらを比較する場合も多い。

【読解中】▼主語の正確な挿入と選択肢の有効利用！

④ **主語を補足しながら読解する**…地の文では、**主語同一用法・主語転換用法・尊敬語の有無**などで主語を補足する。会話文（「　」の文）では、**敬語の種類**で主語を補足しながら読解していく（詳しくは「レベル②」参照）。

⑤ **選択肢を利用しながら読解する**…傍線部があれば、そこの設問を**解きながら**読んでいく。そこまでの読解で解けない設問は保留にして後で解く。**問2～問5**の選択肢の**同一箇所**は、本文の内容・解釈に合致する部分なので、**読解のヒント**とする。**相違する箇所**は解答を導く根拠とする（**消去法**）。

共通テスト〔古文〕の構成と解答の手順

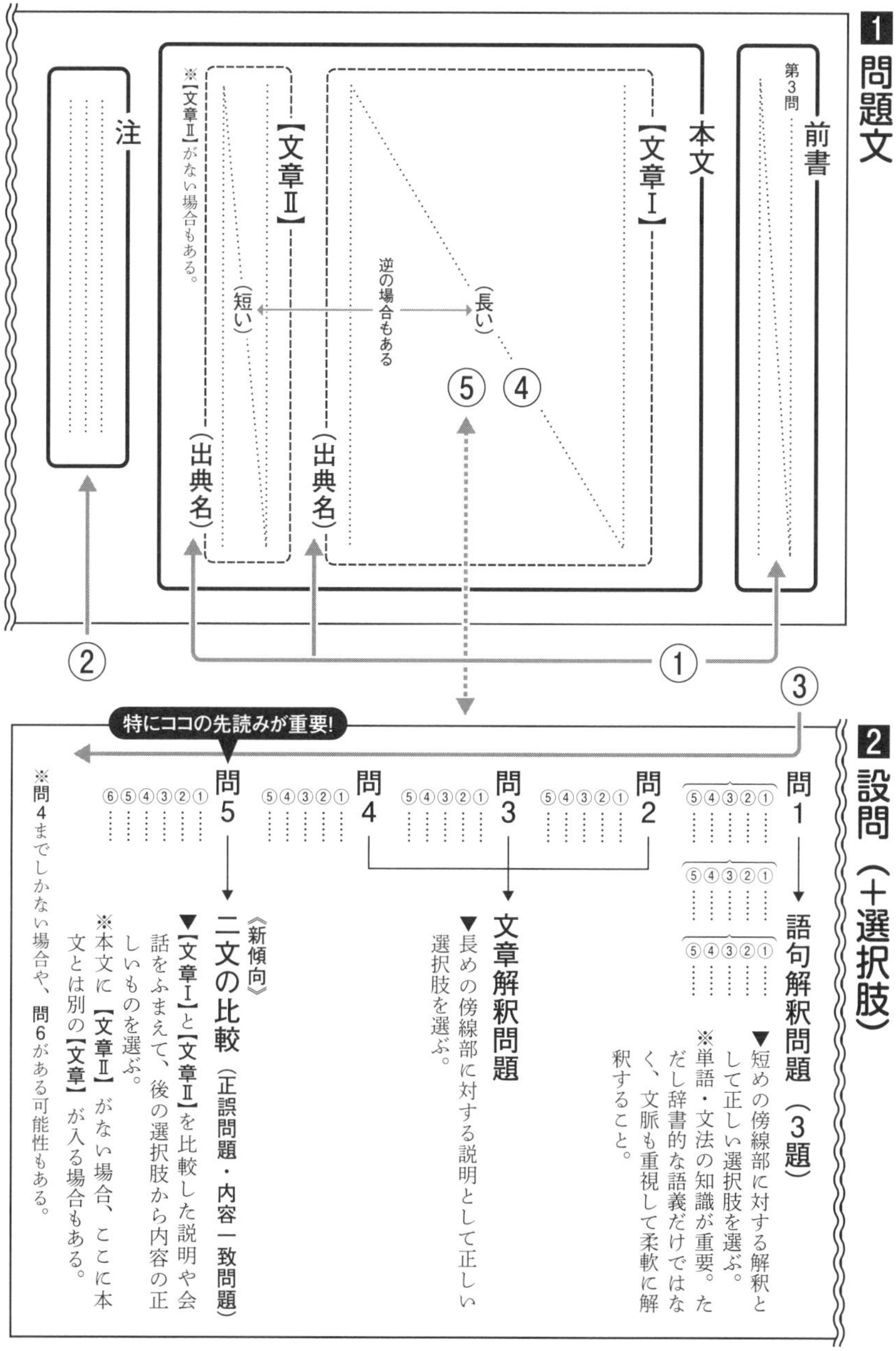

2 設問（＋選択肢）

特にココの先読みが重要!

問1 ⑤④③②①／⑤④③②①／⑤④③②①

→ **語句解釈問題（3題）**

▼短めの傍線部に対する解釈として正しい選択肢を選ぶ。

※単語・文法の知識が重要。ただし辞書的な語義だけではなく、文脈も重視して柔軟に解釈すること。

問2 ⑤④③②①　**問3** ⑤④③②①　**問4** ⑤④③②①

→ **文章解釈問題**

▼長めの傍線部に対する説明として正しい選択肢を選ぶ。

問5 ⑥⑤④③②①

→ 《新傾向》**二文の比較**（正誤問題・内容一致問題）

▼【文章Ⅰ】と【文章Ⅱ】を比較した説明や会話をふまえて、後の選択肢から内容の正しいものを選ぶ。

※本文に【文章Ⅱ】がない場合、ここに本文とは別の【文章】が入る場合もある。

※問4までしかない場合や、問6がある可能性もある。

❷プレ問題演習①（問1の傾向と対策）

次の文章は『石上私淑言』の一節で、本居宣長が和歌についての自身の見解を問答体の形式で述べたものである。傍線部(ア)の解釈として最も適当なものを、後の①～⑤の中から、それぞれ一つ選べ。

（ある人物が宣長に）問ひて云はく、おほかた世の人ごとに常に深く願ひ忍ぶことは、色(注1)を思ふよりも、身の栄え(注2)を願ひ財宝《たから》を求むる心などこそは、(ア)あながちにわりなく見ゆめるに、などてさるさまのことは歌に詠まぬぞ。

（石上私淑言）

(ア) あながちにわりなく
① ひたむきで抑えがたく
② かえって理不尽に
③ なんとなく不合理に
④ ややありきたりに
⑤ どうしようもなく無粋に

（注）1 色――恋愛。人の心の中に沸き起こる深い心情を表現したものが和歌であり、恋をする際の心情が最も感概深いものだから和歌には恋の歌が多いのだと宣長は主張している。
2 身の栄え――立身出世。

解説▼「あながちに」は、「強引だ・**一途だ**」と訳すナリ活用の形容動詞「あながちなり」の連用形。「あながち」の下に打消語や反語表現を伴う場合には、「必ずしも（…ない）」のように訳す副詞の用法もある。この箇所は人間の感情（欲望）の強さの程度を表したものであるから、①か⑤の二つが、単語本来の意味から見ても文脈から見ても妥当であると判断できる。また、「わりなく」は、「道理に合わない・つらい・**どうしようもない**」などと訳すク活用の形容詞「わりなし【**理無し**】」の連用形。自分の心の中で筋が通らない様を表す語。⑤「無粋」は「情趣がない」という意味なので文脈に適合しない。よって、「**一途でどうしようもなく**」といった意味である①を正解とする。（答 ①）

〔**現代語訳**〕（ある人物が私に）尋ねて言うことには、一般的に世間の人が必ずいつも深く願ったり望んだりするのは、恋愛のことよりも、立身出世を願ったり宝物を欲しがる心などが、ひたむきで抑えがたく思われるのに、どうしてそのような心情を歌に詠まないのか。（と言う）

【解答のポイント】▼語句の傍線部は「辞書的な意味＋文脈」で解釈する！

共通テストの**問1**では、このような**語句解釈問題**が三問出題される。ここでは、古文単語の辞書的な意味で選択肢を絞り込み、最後は前後の文脈や心情を踏まえて柔軟に傍線部の解釈をする必要がある。**古文単語の意味を丸暗記しただけでは正解できない**ようにうまく練られている場合が多いので、文の主語や目的語を把握しながら、しっかりと文脈をとらえて読解しなければならない。

❸ プレ問題演習②（問2〜4の傾向と対策）

次の文章は『今鏡』の一節で、敏捷《びんしょう》な行動で有名な藤原成通（注1）に関する話である。傍線部の解釈として最も適当なものを、後の①〜⑤から一つ選べ。

（女房が成通に）泣く泣くこの次第を語りければ、（成通は少しも慌てず）「いといと苦しかるまじきことなり。きと帰り来む。」とて出で給ひにけり。（今鏡）

① 私にとってそれほどつらいことではありません。すぐに戻って来てください。
② 私にとって少しも気にならないことです。すぐに戻って来ましょう。
③ あなたを決して困らせるようなことはしません。すぐに戻って来てください。
④ 二人の仲は誰《だれ》にはばかる必要もありません。すぐに戻って来ましょう。
⑤ 二人の仲は決して絶えるようなことはありません。すぐに戻って来るでしょう。

（注）1　藤原成通――平安時代後期の歌人。歌だけではなく蹴鞠の達人としても有名な人物。成通が女房のもとにいる際、家の侍が彼の侵入に気づきこらしめようとしたが、事情を察した女房は泣く泣く事情を成通に告げている箇所。

解説▶「いと」は「大変・非常に」と訳す副詞であるが、後ろに打消語（ず・じ・**まじ**・で・なし）を伴う場合は「たいして・それほど（…ない）」という意味になる。「苦しかる」は、「差し障りがある」と訳す形容詞「くるし【苦し】」の連体形。「苦し」は打消語と呼応して「差し障りが**ない**（＝問題ない）」の意味を表すことが多く、傍線部の場合は打消の助動詞「まじき」と呼応している。「きと」は「すばやく」などと訳す副詞。文末の助動詞「む」は、文の主語が一人称（私＝成通）だとわかるため「意志（…しよう）」の意味だと判断できる。

問題文は、（交際している）成通が侍にひどい目にあわされるのではないかと心配する女房に対して、自分は侍に捕らえられることなく無事帰宅し、すぐにここに戻ってくることを女房に誓っているという場面。各語の意味と文脈を考慮すると、正解の条件に合致している選択肢は、②しかない。（答②）

〔**現代語訳**〕（女房が成通に）泣く泣くこの事情を語ったところ、「（自分にとって）少しも気にならないことです。すぐに戻って来ましょう。」と言ってお出ましになったのであった

【解答のポイント】▼選択肢の「同じ箇所・異なる箇所」を見抜く！

共通テストの**問2～4**では、このような**文章解釈問題**が出題される。この種の問題は選択肢の**見方**で正解を絞り込むコツがある。この問題では、選択肢①～⑤のすべてが「**すぐに戻って**」を含むことに注目。ここは「きと帰り」の解釈の部分なので、仮に「きと」の意味を知らなくても、選択肢から「きと」の意味が「すぐに」だとわかる。このように、**選択肢の同じ箇所は読解のヒントになる**。

また、①・②は「私にとって」が同じで、④・⑤は「二人の仲は」が同じ。③の「あなたを」のみ孤立している。実は、この③のように、**孤立した部分を持つ選択肢は正解でないことが多い**。出題者は、基本的に選択肢をまぎらわしいもので固め、正解は孤立しないようにするのである。同様の方法で解き進めると、①・③の文末は「来てください」、②・④は「来ましょう」であるから、⑤の「戻って来るでしょう」が孤立している（＝正解でない場合が多い）。したがって、③・⑤は正解になる可能性が低いと推測できる。**異なる箇所を持つ選択肢は消去法の目安とする**。このテクニックを用いると、正答率は確実に上がる。

以上、**問1～問4**までの傾向と対策はしっかりとおさえておくこと。**問5**の傾向と対策は、次頁からの第1～10回の演習の中で随時解説していく。

共通テスト実戦演習①

解答時間
20分
目標得点
40／50点
学習日
／
解答編
P.10

次の【文章Ⅰ】【文章Ⅱ】を読んで、後の問い（問1～5）に答えよ。（配点　50）

【文章Ⅰ】

1 受領(注1)より宰相(注2)まで成りのぼれる人あり。あくまで物惜しみして、銭一つをも妻子《めこ》に与へず、(ア)はかりなき大事のものにぞしける。さる故《ゆゑ》に家富みて、米の倉町(注3)、黄金《こがね》の倉町と、裏表(注4)に建てつづけゐたりける。

2 冬の節分の夜、この家の入《はひ》りに、窮鬼《きゆうき》入り来て、奥ざまを見やりてうかがひ居《を》り。この家主《いへあるじ》は、年ごろ毘沙門(注5)を信じければ、今宵も灯明《みあかし》参らせ、神酒《みき》・しとぎ(注6)など奉りて、あがめまつりけり。かかるに、毘沙門天、神庫《ほぐら》より飛びおり、入りの方をにらまへてのたまひけるは、「この家主は財に富める長者なれば、我がともがら、皆ここに集まりつどふ。さるを、窮鬼、などてこのあたりに近づき来し。眷属(注7)に仰せて、引き裂きすてさせんず」と、怒り雄叫《をたけ》びて立ち給《たま》ふ。窮鬼、簀子《すのこ》のもとに(イ)ついゐて、おづおづ申しけるは、「我がともがら、いかでおまし近く立ち寄り候ふべき。まして、ここは大福長者の家に侍《はべ》れば、A詣《まう》で来べきやうも候はず」とかしこまり申す。「さらば、何とてから入り来たれる」と問ひ給へば、

「さる事侍り。この家主、無双《ぶさう》の物惜しみにて、(ウ)年ごろを経《へ》侍れば、およそ天下《あめがした》の宝、なかばは、皆こともとにつどひぬ。されば、このごろ天下に貧しき者あまた出《い》で来たること、皆B この家主の御徳《みとく》にて、我がともがら、所得て、うけばり(注8)誇らはしうののしり侍る。このよろこび申さんために、すなはち詣《ま》う来つるなり。C あな尊《たふと》、あなめでた、あが仏あが仏」と、そこら拝みめぐりて、いづこともなく出でて去《い》にけりとぞ、人の語りし。まことなりや、知らず。

（石川雅望《まさもち》『しみのすみか物語』による）

（注）
1　受領《ずりやう》——国司。地方官。
2　宰相《さいしやう》——参議。大臣・大納言・中納言に次ぐ重職。
3　倉町——倉の並んだ一画。
4　裏表《うらうへ》に——両側に。
5　毘沙門《びさもん》——武神で、七福神の一。
6　しとぎ——神前にそなえる餅《もち》。
7　眷属《けんぞく》——神仏の配下の者。
8　うけばり——わが物顔にふるまい。

【文章Ⅱ】

中ごろ、三井寺にわりなく貧しき僧ありけり。念じわびて思ふやう、かく所縁《ゆかり》のなきなめり。かくしも思ふ事の違《たが》ふべきかは。我外《ほか》へ行きて、宿世《しゆくせ》をも試《こころ》みんと思ひて、ひるなどは旅すがたもあやしければ、暁《あかつき》出で立つほどに、夜ふかく起き、道の程もわづらはしかるべしとて、しばしよりふしたる夢に、色あをみ、痩《や》せおと(ろ)へたるわびしげなる冠者《くわじや》、我と同じ様《やう》にわらぐつはきなど用意し、いみじう出でたつあり。さきざきも見えぬ物なれば、あやしくて、「おのれは何者ぞ」と問ふ。「年来《としごろ》候《さふら》ふものなり。いつも離れ奉らぬ身なれば、御伴《とも》申し候はんとて出で立ち侍る」と云ふ。僧の云ふやう、「さる物やはある。名をば何と云ふぞ」と問へば、「人々《ひとひと》しき身ならねば、異名《いみやう》侍り。ただうち見る人は、貧報《びんぼう》の冠者《くわじや》となむ申し侍る」といふと見て、夢さめぬれば、即ち身のつたなき宿世《しゆくせ》を知り、いづくへ行くともこの冠者がそひたらんにはと思ひて、外心《ほかごころ》改めて、あやしながら本《もと》の寺にぞ住みける。

(鴨長明『発心集』による)

I

問1　傍線部(ア)〜(ウ)の解釈として最も適当なものを、次の各群の①〜⑤のうちから、それぞれ一つずつ選べ。（5点×3）

(ア)　はかりなき大事のもの
①　数えきれないほどたくさんあるもの
②　この上もないほど大切なもの
③　思いもよらないほど困難なもの
④　細心の注意をもって扱う貴重なもの
⑤　人をだますことのないすばらしいもの

(イ)　ついゐて
①　堂々と占拠して
②　はいつくばって
③　ついついあとずさりして
④　かしこまって座って
⑤　しばらくつっ立って

(ウ)　年ごろを経侍れば
①　若い時期を過ごしましたので
②　働き盛りの年齢を過ぎましたので
③　何年もの間を過ごしましたので
④　それ相応の年齢を過ぎましたので
⑤　見かけよりも年をとりましたので

問2 傍線部A「詣で来べきやうも候はず」の解釈として最も適当なものを、次の①〜⑤のうちから一つ選べ。(7点)

① お参りに来る場所もございません。
② 退出するはずもございません。
③ 参上できるわけもございません。
④ お参りに来るつもりもございません。
⑤ 参上しなければならない用事もございません。

問3 傍線部B「この家主の御徳」の内容として最も適当なものを、次の①〜⑤のうちから一つ選べ。(7点)

① けちで人々に富を分け与えず、一人じめしたこと。
② 受領出身でありながら宰相にまで出世したこと。
③ 毘沙門天を深く信仰して、その加護を得ていること。
④ 世間の人々から多くのみつぎ物を得ていること。
⑤ 窮鬼の一族にも財宝を分け与えて、彼らを繁栄させたこと。

問4 傍線部C「あな尊、あなめでた、あが仏あが仏」は、だれの、だれに対する感謝の念を表しているか。最も適当なものを、次の①〜⑤のうちから一つ選べ。(7点)

① 家主の、毘沙門天に対する感謝。
② 窮鬼の、毘沙門天に対する感謝。
③ 家主の、窮鬼に対する感謝。
④ 窮鬼の、家主に対する感謝。

I

⑤ 貧しい者の、家主に対する感謝。

問5 【文章Ⅰ】の『しみのすみか物語』は江戸時代後期の笑話集であり、【文章Ⅱ】の『発心集』は鎌倉初期の仏教説話集である。それぞれの文章を比較した説明として最も適当なものを、次の①～⑥のうちから**二つ**選べ。(7点×2)

① 【文章Ⅰ】の家主は、妻子への思いやりが深かったので裕福になったが、【文章Ⅱ】の家主は前世の行いがよくなかったために貧しい生活から抜け出せない哀れな人物として描かれている。

② 【文章Ⅰ】では、貧乏神を面白味のある縁起のよいものとして扱っているが、【文章Ⅱ】では、一度とりついたら決して離れることのない厄介な存在として扱っている。

③ 【文章Ⅰ】は、努力を怠りながらも裕福で幸せな生活を送る人物を描いており、【文章Ⅱ】の主人は努力家でありながらも貧しい生活から抜け出せない哀れな人物として描かれている。

④ 【文章Ⅰ】の貧乏神は、家主の強欲のおかげで我が物顔に振る舞うことができているのだと感謝し、【文章Ⅱ】の貧乏神は夢の中に現れて家主のこれからの宿命を告げている。

⑤ 【文章Ⅰ】が貧乏神のおかげで裕福になったという笑話であるのに対し、【文章Ⅱ】は前世と現世とのつながりという仏教的な因果関係が描かれた教訓的な話である。

⑥ 【文章Ⅰ】の家主は貧乏神の存在に気づいていないが、【文章Ⅱ】の家主は夢の御告げにより貧乏神の存在を知り自らの運命のつたなさに気づかされている。

第2問 問題 QUESTION

共通テスト実戦演習②

解答時間
20分
目標得点
40／50点
学習日
／
解答編
P.20

次の文章を読んで後の問い（問1～5）に答えよ。（配点 50）

1 なにがしの娘、成人するままに、女房たちあまた付け侍《はべ》る。ここに、いづくともなく、いと(ア)あてなる女、一人たたずみて、宮仕(注1)への望み侍る由《よし》言ひければ、「幸ひ、御内にこそ、御身のやうなる人を尋ね侍るなれ。(イ)いざ給へ。北(注2)の御方にかくと申さん」とて、言ひければ、すなはち留めて置かれけり。かの宮仕への、心に入りたることはさて置き、絵描《か》き、花結(注3)び、手跡美しく、縫ひ物などは織女《たなばた》の手にも劣るまじく、物の色合ひなど染め出だせることは、竜田姫《たつたひめ》も恥ぢぬべきほどなり。

2 ある時、北の方、女の部屋を(ウ)かいま見しに、夜いたく更けて灯火《ともしび》かすかなるに、おのれがくびを取りて、前なる鏡台にかけ置きて、鉄漿(注4)をつけ、化粧《けさう》じて、またわが身《むくろ》に継ぎて、さらぬ体《てい》にてぞゐたりける。A恐ろしとも言はん方なし。

3 さて、主《あるじ》の殿に、「かかること侍るをば、いかが計らひ給ふぞ」と言へば、「まづ何となく暇《いとま》を出だせ」と言ふほどに、女を近づけ、「近(注5)ごろ言ひかね侍れども、人多く侍れば、『一人も二人も暇を出だせ』とのたまふ間《あひだ》、そなたのやうなる重宝《ちようほう》の人はましまさぬほどに、いつまでもと思へども、いづれも譜代(注6)の者にて、暇出だされぬ者どもなれば、まづまづいづ方へも出でられ候《さうら》へ。そのうへ、夫の命《めい》背きがたく侍れば、重ねて娘嫁入りの折節は迎へ侍らん」と言ふ。

4　その時、女、気色《けしき》変はりて、「さては、何ぞ御覧じて、かく仰せ候ふやらん」と、そばへ近く居寄《ゐよ》れば、「その方《ほう》は何事を言ふぞ。またやがてこそ呼び侍らめ」と、さりげなくのたまへども、「いやいや、曲(注7)もなきことなり」とて、飛びかかりけるところを、男、B<u>かねて心得けるにや</u>、後ろに立ち添ひけるが、刀を抜き、はたと切る。切られて弱るところを引き直し、心のままに切れば、年経たる猫の、口は耳まで切れて、角生《お》ひたるにてぞおはしける。その名を、竜田姫と言ひ侍るとぞ。

（『曾呂利《そろり》物語』による）

（注）
1　宮仕《みやづか》へ——貴人の家に仕えること。
2　北の御方——貴人の妻のこと。「北の方」も同じ意味。
3　花結び——糸や紐《ひも》を花などの形に結んで、飾りとすること。女性のたしなみの一つであった。
4　鉄漿《かね》をつけ——お歯黒をつけ。成人女性などが歯を黒く染める風習があった。
5　近ごろ——非常に。
6　譜代の者——その家に代々仕えてきた者。
7　曲《きよく》もなき——情がない。つれない。

問1　傍線部㋐〜㋒の解釈として最も適当なものを、次の各群の①〜⑤のうちから、それぞれ一つずつ選べ。（5点×3）

㋐　あてなる

① 寂しそうな
② 愛嬌《あいきょう》のある
③ あでやかな
④ 上品な
⑤ 輝くばかりの

㋑　いざ給へ

① さあ、それをください
② さあ、早くしてください
③ さあ、おっしゃってください
④ さあ、そこで待っていてください
⑤ さあ、こちらへおいでなさい

㋒　かいま見しに

① 物陰からこっそりとのぞき見たところ
② 時間をかけて観察したところ
③ ちょっと見ただけなので
④ 用事のあいまに見たので
⑤ すみずみまで見渡してみると

問2　傍線部**A**「恐ろしとも言はん方なし。」の解釈として最も適当なものを、次の①〜⑤のうちから一つ選べ。（6点）

① 恐ろしさのあまり、言葉を口にすることもできない。
② その恐ろしさといったら、何とも表現しようがない。
③ 自分の感じた恐ろしさを、伝えることのできる人がだれもいない。
④ その恐ろしさを他人に知らせたくても、連絡する適当な方法がない。
⑤ そのことを恐ろしいと言わない人はだれもいない。

問3　傍線部Ｂ「かねて心得けるにや、」の解釈として最も適当なものを、次の①～⑤のうちから一つ選べ。（6点）

①　以前から、緊急時のために刀を磨き剣術の鍛練につとめてきたのであろうか、

②　前もって、女が何か危害を加えるかもしれないと予想していたのであろうか、

③　以前から、女の正体が化け猫であるという確信があったのであろうか、

④　前もって、北の方からの依頼を受けていたのであろうか、

⑤　以前から、自分の出てゆく機会をうかがっていたのであろうか、

問4　本文の内容と合致するものを、次の①～⑤のうちから一つ選べ。（7点）

①　女は、はじめから北の方にとって気に入らない点もあったが、女房としての能力は優れていた。

②　女は、夜に化粧をしているときは、正体をあらわして角の生えた猫の姿になっていた。

③　主の殿は、北の方から報告を聞き、みずから女に屋敷を出てゆくように命じた。

④　北の方は、本当は女を手放したくなかったのだが、しぶしぶ夫の言葉に従った。

⑤　女は、暇を出すと言いわたされた時に、自分の秘密が露見したらしいと直感した。

問5　この文章（本文）の『曾呂利物語』は江戸時代に編まれた奇談集であり、次の【文章】は『源氏物語』「帚木」の一節で左馬頭という人物が今は亡き妻の思い出を光源氏や頭の中将に語る場面である。本文と同様、この作品にも「竜田姫」にたとえられた女性が登場する。以下は「竜田姫」について、生徒と教師が交わした授業中の会話である。この会話と【文章】を踏まえた解釈として、会話の後に六人の生徒から出された発言①～⑥のうち、最も適当なものを**二つ**選べ。（8点×2）

【文章】

（左馬頭は）「ひとへにうち頼みたらむ方《かた》は、さばかりにてありぬべくなむ思ひたまへ出でらるる。はかなきあだ事をも、まことの大事をも言ひあはせたるにかひなからず、竜田姫《たつたひめ》と言はむにもつきなからず、織女《たなばた》の手にも劣るまじく、その方も具《ぐ》して、うるさくなむはべりし」（と言うと、中将は）「げに、その竜田姫の錦《にしき》には、また、しくものあらじ」（中略）と言ひはやしたまふ。

（注）1　ひとへにうち頼みたらむ方は――一途に思って一生連れ添う女性としては。

生徒　先生、この**【文章】**ですが、もしかしたらあの有名な「雨夜の品定め」の一場面ではないですか。

教師　よく気づいたね。雨の夜に光源氏らが女性談義をするシーンだね。この後の光源氏の恋愛に強い影響を与えることになる章段だよ。

生徒　あれっ、本文にも**【文章】**にも「織女の手にも劣るまじく」という箇所があるよ。それと本文の「竜田姫も恥ぢぬべきほどなり」と**【文章】**の「竜田姫と言はむにもつきなからず」の箇所がかなり似ているね。そういえば「立田山」というのは授業に出てきたことがあるな。歌に詠まれていたような気がするけど。

教師　それは『伊勢物語』二三段の「風吹けば沖つしら浪《なみ》たつた山夜半《よは》にや君がひとりこゆらむ」だね。立田山を夜中に一人越えて行く夫を心配した妻の歌なんだ。

生徒　百人一首に「ちはやぶる神代も知らず竜田川からくれないに水くくるとは」というのがあったな。これは美しい紅葉を詠んだ歌だったよね。

教師　「ちはやぶる」の歌は龍田山の紅葉の落葉が竜田川を赤く染めている美しさを詠んだんだね。よく和歌に詠まれる地名のことを「歌枕」というんだ。歌枕を使用することでその土地のもつ情趣やそこにまつわる伝承などを和歌の中に取り入れることができる。つまり、奥ゆきをもたせることができるんだよ。では、本文と【文章】に見られる「竜田姫」についてみんなで意見を出し合ってごらん。

① 生徒A――本文と【文章】に登場する色染めが得意なそれぞれの女性を「竜田姫」のようだとしており、「ちはやぶる」の歌の内容も考慮すると、「竜田姫」は紅葉の神様なのかな。

② 生徒B――本文に登場する女房は「竜田姫」に形容されるほど裁縫や色染めが得意であったけど、正体は恐ろしい化け物だったみたいだね。それと比べて【文章】の女性はやさしい人だったようだけど、裁縫や色染めが苦手らしく「竜田姫」とは似ても似つかないとしているよね。

③ 生徒C――B君の【文章】の解釈は間違っていると思うよ。左馬頭は亡くなった妻のことを「竜田姫」にたとえられるくらい色染めが上手であったと懐かしんでいる。中将はその女性のことを気に入らないと思っているようだけど。

④ 生徒D――僕はB君に賛成だ。【文章】の亡くなった左馬頭の妻は本文の女房のように裁縫や色染めが得意ではなかったと思うよ。いつも不平不満を口にしているところも気に入らないと言っているね。

⑤ 生徒E――そういえば、本文の江戸時代成立の『曾呂利物語』より、平安時代に成立した『源氏物語』の方が古い作品だよね。このように時代が違ってくると、「竜田姫」のたとえられ方も全く異なってくるみたいだね。

⑥ 生徒F――僕は本文も【文章】の「竜田姫」もたとえられ方は同じだと思う。ただ、本文は正体が猫の化け物であり、【文章】は亡くなった妻であったという違いだけだと思うよ。

第3問題
QUESTION

共通テスト実戦演習③

解答時間
20分
目標得点
40/50点
学習日
／
解答編
P.28

次の文章は、室町時代の物語『しぐれ』の冒頭部分で、清水寺で偶然出会った姫君に中将が恋慕する場面を描いたものである。これを読んで、あとの問い（問1～5）に答えよ。（配点　50）

1　左大臣殿と聞こえし人、君達《きんだち》二人おはしけり。一人は姫君、世にすぐれ給ひければ、内へ参らせんとて(ア)かしづき給ふところに、にはかに風(注1)の心地出《い》で来給ひければ、里にて祈らんよりもとて、清水(注2)に御籠《こも》りありけり。

2　さて、二三日にもなりければ、Aおぼつかなしとて、御兄、中将殿を清水へ遣《や》り参らせ給ひけり。紅葉落葉(注3)の狩衣《かりぎぬ》に御化粧ありて、やがて前駆(注4)、侍《さぶらひ》、御随身《みずいじん》召し具して清水の西門《さいもん》へ入らせ給へば、参り(注5)下向《げかう》の輩《ともがら》、目を驚かして見奉るに、女御(注6)の御心のおぼつかなくいかがとおぼしければ、「侍ども、とくとく」とて、面々急ぎ召し具して堂の辺をざざめき(注7)て上り給ふ。折節、にはかに空曇り風吹きてはしたなき時雨する。参り下向の数多きなかに、年のほど十五六ばかりなる姫君の(イ)なのめならず美しき、女房たち四五人して濡《ぬ》らさじと立ち隠す。中将殿、これを御覧じて、我が差させ給ひたる御傘、六位(注8)の進《しん》にておくらるる。姫君、こはいかにとおぼしめして、見上げ給ひつる御目のうちの気高《けたか》さ、あくまで愛敬《あいぎやう》がましくて美しくぞおはしける。

3 さて、姫君は本堂の東の縁《えん》に立たせ給ひて、「B今は御傘参らせよ」と仰せける。中将殿は濡れながら御傘待ち得させ給ひて、「この人々はいづくにぞ」と問はせ給へば、「いまだあれに立たせ給ひて候ふ」と申せば、やがて人を遣《つか》はせて見せられけれども、おはせざりけり。さて、女御の御心地、別《べち》の事に渡らせ給はねば、やがて御下向あるべけれども、傘差しておくりつる人の事、御心にかかりければ、「今宵《こよひ》はこれに通夜(注9)せん」とて仏の御前にあくがれ居給ひけり。尋ねん方も覚えず、せん方もなければ、ただつくづくと眺めのみせられて、C局(注10)に入り給ひたれども静心《しづごころ》なかりけり。

4 さる程に、隣の局に人の籠りて(ウ)ゆゆしくしのびたるよそほひなりければ、怪しくてここかしこよりのぞき給へば、内には几帳《きちやう》を引かれたり。見るべきやうもなかりけるに、柱の節抜けの穴のありけるに紙を丸《まろ》めて押(注11)しかひたり。引き抜きて見給へば傘差しておくりし人なり。

（『しぐれ』による）

（注）
1 風——風邪のこと。
2 清水——清水寺のこと。現在の京都市東山区にある。
3 紅葉落葉の狩衣——紅葉や落葉の文様を織り出した狩衣。狩衣は貴族の日常着。
4 前駆《せんぐ》、侍、御随身——中将の従者たち。

5　参り下向の輩――清水寺に参詣《さんけい》する人々と、参詣を終えて帰って来る人々。

6　女御《にょうご》――天皇の妃《きさき》で中宮に次ぐ地位。ここでは、やがて女御となる予定である左大臣家の姫君のことをさす。

7　ざざめきて――騒がしい音を立てて。

8　六位の進――中将の従者の一人。

9　通夜《つや》――神社や寺に籠って、一晩中神仏に祈願すること。

10　局《つぼね》――大きな建物の中を仕切って作った小部屋。

11　押しかひたり――押し込んであった。

問1　傍線部(ア)〜(ウ)の解釈として最も適当なものを、次の各群の①〜⑤のうちから、それぞれ一つずつ選べ。（5点×3）

(ア)　かしづき給ふ

① お仕え申し上げている
② お控え申し上げている
③ 大切に育てていらっしゃる
④ 着々と準備していらっしゃる
⑤ 期待して待っていらっしゃる

(イ)　なのめならず美しき

① きわだって美しい姫君
② 初々しくて美しい姫君
③ 目立たないが美しい姫君
④ 一見したところ美しい姫君
⑤ 評判にたがわず美しい姫君

(ウ)　ゆゆしくしのびたる

① たいそう身をやつしている
② 必死で悲しみに耐えている
③ 不吉なほどに静まりかえっている
④ ひどく人目をはばかっている
⑤ 心をこめて故人を悼んでいる

問2　傍線部**A**「おぼつかなしとて、御兄、中将殿を清水へ遣り参らせ給ひけり」の人物関係を明らかにした解釈として、最も適当なものを、次の①〜⑥のうちから一つ選べ。(7点)

①姫君の兄は、姫君がなかなか帰って来ないのを不満に思って、中将殿を清水寺にお向かわせなさった。
②姫君の兄は、姫君の病状がさらに悪化したとの知らせを受けて、中将殿を清水寺にお向かわせなさった。
③帝は姫君が心変わりをしたのではないかと不安に思い、姫君の兄と中将殿を清水寺にお向かわせなさった。
④帝は姫君からの音信がとだえてしまったことを案じて、姫君の兄である中将殿を清水寺にお向かわせなさった。
⑤左大臣は姫君の容態がどうなったか気がかりになり、姫君の兄である中将殿を清水寺にお向かわせなさった。
⑥左大臣は姫君の兄である中将殿の健康状態も心配になり、姫君に続いて中将殿を清水寺にお向かわせなさった。

問3　傍線部**B**「今は御傘参らせよ」とあるが、姫君が誰《だれ》にどのようなことを言ったのか、その説明として最も適当なものを、次の①〜⑥のうちから一つ選べ。(7点)

①姫君がお供の者に、自分たちの傘を持って来なさい、と言った。
②姫君がお供の者に、お借りした傘をお返ししなさい、と言った。
③姫君がお供の者に、お借りした傘を仏に奉納しなさい、と言った。
④姫君が中将に、お借りした傘をお返しします、と言った。
⑤姫君が中将に、お借りした傘を取りに来させて下さい、と言った。
⑥姫君が中将に、ここにある傘をお使い下さい、と言った。

問4　傍線部C「局に入り給ひたれども静心なかりけり」という中将の心境の説明として、最も適当なものを、次の①〜⑤のうちから一つ選べ。（7点）

① 傘を貸した姫君の美しい姿が忘れられず、恋心がつのるばかりで、仏前にありながらも彼女の行方が気になり落ち着かない気持ちになった。

② 傘を貸した姫君の姿が遠くに見えるので、すっかりそちらに心を奪われてしまい、とても平静な気持ちでは仏に向かえなくなった。

③ 傘を貸した姫君のことに気をとられて、妹の病気の回復を祈ることに専念できないので、仏の加護が得られないのではないかと心配になった。

④ 傘を貸した姫君が病気であることを知って、自分も清水寺に籠ることにしたが、果たして彼女が回復するのかどうかと不安な気持ちになった。

⑤ 傘を貸した姫君の態度が冷淡であったので、もう恋はかなわないのではないかと落胆して、冷静な気持ちではいられなくなった。

問5 次にあげるのは本文を読んだあと、生徒と教師が交わした授業中の会話である。会話中に表れる雨の効果や本文の解釈として六人の生徒から出された発言①〜⑥のうち、最も適当なものを**二つ**選べ。（7点×2）

生徒 今回のように、関わりもない男女が偶然出会って恋に落ちるというのは、古文によくあるパターンですね。

教師 古文の世界でも、男女の出逢いや別れは様々だよね。今回は出典が『しぐれ』である点に注目。「時雨《しぐれ》」とは、秋から冬にかけて降るにわか雨のこと。雨は物語の構成に効果的に生かされる場合が多いんだ。

生徒 雨がどんな効果を生み出すんですか。

教師 例えば、通い婚の時代。大雨の日に、男性がずぶ濡れになってまでも通ってきてくれたら、女性はどう思うだろう。雨が効果的に働いて、男の愛情の深さを表していると言えるよね。

生徒 今回の物語も、「時雨」が降りますよね。この雨は物語の構成上、どんな効果があるんですか。

教師 雨は色々な効果を生み出すよ。例えば、「雨宿りをしたときに出会った男女は決して離れることはない」という古い言い伝えが物語に影響する場合がある。また、雨が降ってできた川が、まるで天の川の織姫と彦星の関係のように、男女を離れ離れにする場合もある。「袖を濡らす雨」というのが「涙」のたとえになったりもするし、枯れそうな花（女性）が雨（男の愛情）のおかげで生き生きと蘇るというように、雨が愛情のたとえになることもあるんだ。この『しぐれ』という物語や作品中の雨の効果について、みんなで自由に話し合ってごらん。

① 生徒A —— 雨に降られたときに出逢った姫君と兄の中将とは別れる運命にあるんじゃないかな。雨が川を作り、二人が離れ離れになるということを暗示するために、作者は雨を降らせたのだと思う。

② 生徒B —— 僕は、兄の中将が清水寺に詣でたときに激しい雨に降られたのは、雨宿りの言い伝えを踏まえた、中将が姫君に再会するための布石だと思うな。

③ 生徒C ―― 姫君を見失った中将はもの思いにふけり、二度と会えない人のことを思って涙を流している。この雨はこの中将の涙のことを暗示しているように思うよ。

④ 生徒D ―― 中将はこれからもずっと姫君を大切にすると思う。降り続く雨は、姫君に対する中将の絶え間ない愛情を表しているように思うんだ。

⑤ 生徒E ―― 雨に濡れてもかまわず自らの傘を姫に指し出した中将に、姫君は宿縁のようなものを感じているはずだよ。だから姫君はすぐに出立せずに、一晩そこに留まったのだと思う。

⑥ 生徒F ―― 姫君を見失ってしまった中将だけど、その後部屋をのぞき見して姫君を見つけたよね。やはり雨宿りのときに出会った男女は結ばれるという言い伝えにもとづく展開だったんだね。

第4回 問題 QUESTION

共通テスト実戦演習④

解答時間	20分
目標得点	40／50点
学習日	／
解答編	P.36

次の【文章Ⅰ】は『平治物語』の一節で、京都六波羅における平家勢との合戦に敗れた源義朝一行が大原方面に落ちのびていく場面である。【文章Ⅱ】は、【文章Ⅰ】に登場する斉藤実盛の最期の様子を伝える『平家物語』巻第七の一節で、討ち取られた首を見た総大将源義仲（木曾殿）が、実盛のことを見知っている樋口次郎兼光に首実検をさせる場面である。義仲はかつて実盛に命を助けられたことから並々ならぬ恩義を感じており、実盛の戦死をどうしても受け入れられないでいる。【文章Ⅰ】と【文章Ⅱ】を読んで、後の問い（問1～5）に答えよ。（配点　50）

【文章Ⅰ】

義朝は、あひ従ひし兵《つはもの》ども、方々へ落ち行きて小勢になりて、叡山《えいざん》西《にし》坂本《さかもと》を過ぎて、小原（注1）の方へぞ落ち行きける。八瀬《やせ》といふ所を過ぎんとするところに、西塔法師（注2）百四五十人、道を切りふさぎ、逆茂木（注3）引いて待ちかけたり。この所は、一方は山岸高くそばだち、一方は川流れみなぎり落ちたり。「うしろよりは、敵《かたき》、さだめて攻め来たるらん。前は山の大衆（注4）、支へたり。(ア)いかがはせん」といふところに、長井《ながゐの》斎《さい》藤《とう》別《べつ》当《たう》実盛《さねもり》、防ぎ矢射て追ひつきたりけるが、「Aここをば、実盛、通しまゐらせ候はん」とて真先《まつさき》に進みて、甲《かぶと》をぬいで臂《ひぢ》にかけ、弓脇にはさみ、膝をかがめて、「これは、主《しう》は討たれ候ひぬ。いふかひなき下人・冠者（注5）ばらが、恥をかへりみず、命を惜しみ、妻子《さいし》を今一度見候はんとて、国々へ逃げ下る者どもにて候ふ。たとひ首を召され候ふとも、罪つくらせ給《たま》ひたるばかりにて、勲功《くん》《こう》の賞にあづからせ給ふほどの首は、(イ)よも一つも候はじ。Bたまたま僧徒の御身にて候へば、しかるべき人なりとも、御助けこそ候はんずれ、かかる下臈《げらふ》のはてどもを討ちとどめさせ給ひても、何の御用か候ふべき。物の具(注6)まゐらせて候はば、かひなき命をば、御助け候へかし」と申せば、大衆ども、「さらば、物の具投げよ」と(ウ)いはせもはてず、持ちたる甲を、若大衆の中へ、からとぞ投げたりける。下部《しもべ》・法師ばら、われ取らん、人に取られじと、ひしめきけるほどに、ある法師、奪《ば》ひ取りてうち笑ひて立つたりけるを、C斎藤別当をかしと思ひ、馬にうち乗りて、つつと馳《は》せよせて、甲を引奪《ひんば》ひてうち着て、太刀をぬき、「さりとも、わ法師(注7)ばらも聞きこそしつらめ、日本一の剛《かう》の者、長井斎藤別当実盛とはわが事ぞ。われと思はん者あらば寄りあへや、勝負せん」とて、一鞭《むち》打つて、つつと通る。義朝以下の兵ども、一騎も残らず、皆通りぬ。歩立《かちだ》ちの大衆・法師ばら、馬にあてられて、あるいは川に落ち入り、あるいは谷にころび入り、さんざんの事どもなり。

（『平治物語』による）

（注）
1　小原《をはら》――大原のこと。現在の京都市左京区北部。
2　西塔《さいたふ》法師――比叡山延暦寺を構成する東塔・西塔・横川《よかわ》のうち、西塔に居住する僧。
3　逆茂木《さかもぎ》――先をとがらせた木の枝や、とげのある木を用いて作った、敵の侵入を防ぐ障害物。
4　山の大衆《だいしゅ》――「山」は比叡山延暦寺、「大衆」は僧の集団衆。ここでは西塔法師の一団をさす。

4

5 冠者《くわじや》ばら――若い従者たち。「ばら」は複数の意の接尾語で、ここでは卑下する表現。
6 物の具――鎧《よろい》・甲《かぶと》などの武具。
7 わ法節ばら――僧を呼ぶときの語。「わ」は接頭語で、接尾語「ばら」とともに、ここでは相手を軽んじる表現。

【文章Ⅱ】

樋口次郎ただ一目みて、「あなむざんや、斎藤別当で候ひけり」。木曽殿、「それならば今は七十にもあまり、白髪にこそなりぬらんに、びんぴげの黒いはいかに」と宣へば、樋口次郎涙をはら〱とながいて、「さ候へばそのやうを申しあげうど仕り候が、あまり哀れで不覚の涙のこぼれ候ぞや。弓矢とりは、いささかの所でも思ひ出での詞をば、かねてつかひおくべきで候ひける物かな。斎藤別当、兼光《かねみつ》にあうて常は物語に仕り候ひし。『六十にあまっていくさの陣へむかはん時は、びんぴげを黒う染めて、若やがうど思ふなり。其故は、若殿原《わかとのばら》に争ひて先を駆けんもおとなげなし、老武者とて人のあなどらんも口惜《くちお》しかるべし』と申し候ひしが、まことに染めて候ひけるぞや。洗はせて御覧候へ」と申しければ、「さもあるらん」とて洗はせて見候へば、白髪にこそなりにけれ。

（『平家物語』による）

問１　傍線部(ア)〜(ウ)の解釈として最も適当なものを、次の各群の①〜⑤のうちから、それぞれ一つずつ選べ。（５点×３）

(ア)　いかがはせん
① どうにかしなければならない
② どうしたらよいだろうか
③ どのようにしてくれるだろうか
④ どのようにでもなるだろう
⑤ どうにかさせよう

(イ)　よも一つも候はじ
① ほかには一つもございません
② すでに一つもございません
③ やはり一つもございませんでしょう
④ この世には一つもございますまい
⑤ まさか一つもございますまい

(ウ)　いはせもはてず
① 終わりまで言わせないで
② なかなか言い終わらないで
③ すっかり言わせておいて
④ おっしゃるまでもなく
⑤ 言うのでしかたなく

4

問2　傍線部A「ここをば、実盛、通しまゐらせ候はん」という発言の説明として最も適当なものを、次の①～⑥のうちから一つ選べ。(7点)

① 実盛が、「私が敵の中を駆けぬけてみせましょう」と義朝に申し出ている。
② 実盛が、「私が敵の中を通してさしあげましょう」と義朝に申し出ている。
③ 実盛が、「ここを通れるようにしてください」と西塔法師に申し入れている。
④ 義朝が、「実盛を通してさしあげなさい」と西塔法師に申し入れている。
⑤ 義朝が、「おまえが敵の中を駆けぬけてみせなさい」と実盛に命じている。
⑥ 義朝が、「われわれが敵の中を通れるようにしなさい」と実盛に命じている。

問3　傍線部B「たまたま僧従の御身にて候へば、しかるべき人なりとも、御助けこそ候はんずれ」とは、どのようなことを言っているのか。その説明として最も適当なものを、次の①～⑤のうちから一つ選べ。(7点)

① たまたまあなた方は、殺生を禁じられている僧の身なのだから、たとえ敵方の大将格の重要な人であっても、その命を助けるのが当然であろう、ということ。
② たまたまあなた方は、戦功を求めるはずのない僧の身なのだから、数々の手柄をたててきた勇猛な僧兵であっても、我々の命を助けるのがよいだろう、ということ。
③ たまたまあなた方は、殺生を禁じられている僧の身なのだから、たやすく討ち果たせそうな相手であっても、その命を助けなければならないだろう、ということ。
④ たまたまあなた方は、戦功を求めるはずのない僧の身なのだから、敵方である以上討つのが当然の相手であっても、その命を助けるのがよいだろう、ということ。
⑤ たまたまあなた方は、殺生を禁じられている僧の身なのだから、降参を申し出ている相手であれば、その命を助

けるのが当然であろう、ということ。

問４ 傍線部Ｃ「斎藤別当をかしと思ひ」とあるが、この時の斎藤別当の心情はどのようなものか。その説明として最も適当なものを次の①～⑤のうちから一つ選べ。（７点）

① 手に入れたとしても格別の値打ちもない物の具を、必死に奪い合う僧たちの様子を見て、その強欲さにすっかりあきれ、軽蔑《けいべつ》している。

② 手に入れても何の役にも立たない物の具であるのに、僧たちはどうしてあんなに必死に奪い含うのだろうかといぶかり、あやしんでいる。

③ 仲間どうしの争いに勝って物の具を手に入れた僧の様子を見て、敵ながらなかなかの力量だと、その剛腕ぶりに感心している。

④ 見るからに屈強な僧兵であるのに、夢中で物の具を奪い合う様子を見て、つけ入るすきがあることに気づき、ほくそ笑んでいる。

⑤ 計略にはまったとも知らないで物の具を奪い合った末、それを手に入れた僧が得意になっている様子を見て、滑《こっ》稽《けい》だと思って見下している。

問5　以下は【文章Ⅰ】と【文章Ⅱ】の文章に関して、生徒と先生が交わした授業中の会話である。この会話と本文の内容を踏まえた解釈として、六人の生徒から出された発言①〜⑥のうち、最も適当なものを二つ選べ。（7点×2）

生徒　先生、【文章Ⅰ】に登場する斎藤実盛という人物はただ兵士として強いというだけではなく、曲者という感じで人物として非常に魅力を感じます。

教師　この斎藤実盛は有名人物だよ。鎌倉時代の軍記物語には、牛若丸こと源義経、楠木正成などという勇者や曲者が登場するけれど、その人々と並んで数えられるような人物なんだ。あの俳人松尾芭蕉もこの斎藤実盛のファンで、以下のような句を残しているよ。

むざんやな　甲《かぶと》の下の　きりぎりす

生徒　この句はどのような意味なのですか。

教師　「かつて斎藤実盛がかぶって勇敢に戦った甲の下で、今はコオロギがさみしく泣いていることよ」というしみじみとしたあわれさを表した名句だよ。【文章Ⅱ】にも通じるものがあるね。「きりぎりす」とは現在の蟋蟀《こおろぎ》のことだよ。

生徒　あれっ、【文章Ⅱ】の樋口次郎のセリフにある「あなむざんや、斎藤別当で候ひけり」と、芭蕉の句の「むざんやな」の箇所が同じ表現ですね。これは偶然ですか。

教師　いや、偶然ではないと思うな。芭蕉はこの文章に登場する源義仲の大ファンで、芭蕉の遺骨も滋賀県にある義仲由来のお寺、義仲寺《ぎちゅうじ》に葬られているほどなんだよ。この義仲と実盛について、みんなで意見を出し合ってごらん。

①生徒Ａ――実盛は降参すると見せかけ、僧兵たちの中に甲を投げ込んで油断させて彼らを大混乱に陥れ、非道を働いたために、悲惨な死に方をしたというような因果応報のお話になっているよ。

②生徒Ｂ――確かに『平家物語』が仏教的な影響を受けていることは事実だけど、因果応報とは違うような気がする。『平家物語』の冒頭に「たけき者も遂にはほろびぬ」とあるような、無常観を表しているように思う。

③生徒Ｃ――実盛の勇敢さに感服した僧兵たちが道をあけたのにはびっくりしたよ。武将としてすばらしい人間には、敵といっても敬意を称するというのが軍記物語の面白いところだよね。

④生徒Ｄ――実盛が武将としての名乗りをしたせいで、あやうく策略が相手に見破られそうになったのには感心できないな。このようなスタンドプレイがこの後の彼の末路につながっているように思う。

⑤生徒Ｅ――大声で自分の姓名や身分などを大声で告げる「名乗り」は、軍記物語ではよく見かけるよ。味方の士気を高め、相手の士気をくじいたりする効果もあったようだね。

⑥生徒Ｆ――義仲は、黒髪の落ち首の主が誰であるか、わからなかったみたいだね。最後に実盛と別れたときは白髪になっていたからね。恩人の死を受け入れたくないという心理も働いていると思う。

第5問題 QUESTION

共通テスト実戦演習⑤

解答時間	目標得点	学習日	解答編
20分	40／50点	／	P.46

次の文章は、江戸時代の国学者、上田秋成が書いた物語で、貧しい家の主人が盗人に入られた後の話である。これを読んで後の問い（問1～5）に答えよ。（配点 50）

1 五月雨晴れ間なき夜に時鳥《ほととぎす》や訪るると、軒の雫《しづく》を数ふるとはなしに起き居つるを、いつのまにうまい(注1)しにけり。短夜なれば明けはなれたり。いぎたなき目をすりつつ見れば、南の遣戸《やりど》は鎖《さ》さでぞおきし。明かり障子さへ隙《ひま》細う開きたり。よくも風引かざりしとて、やをら開け放ちてみれば、いとあやし、簀(注2)の子の上に人の足の跡の、泥に染《そ》みて所々付きたるを、猶《なほ》見めぐらすれば、我が枕辺《まくらべ》、後辺《あとべ》にも、あまたい(注3)みいみしく染《そ》み付きたり。鬼の来たりしにやと胸うち騒がれて、と見かう見、(ア)いづかたよりにやと、ほどなき庭を見やりたれば、築垣《ついがき》の土こぼれて、童《わらはべ》のふみあけたるばかりなるままに、雨に掘り漂はされて、行潦《にはたづみ》(注4)に流れ合ひたる。こは盗人や入りつ。庵《いほり》ながら奪ひもて去るとも惜しからぬを、命得させしこそ嬉しけれと、漸《やうや》く心落ち居ぬ。柳葛籠《つづら》の一つあるを開けて、なれ衣一重二重あばき散らしつつ、物はありやとさぐりつらん。Aこれ取りて行かざりしぞ、かへりては恥あることに覚ゆ。何も何もありしままなるは、彼にだにあなづらるる事のいと口惜し。足の跡むさむさしきを、搔《か》い拭《ふ》き掃きやるとて、

2

ふと見たれば、机の上に紙一ひら広げて、狐《きつね》などが書きすさびたるやうに墨付きしどろにて何事をか書いつけたり。あやしう取りて見れば文なり。

今宵の雨に立ちぬれつつ、宿りがてら押し入りたるに、我とものの盗みして、夜にはひ隠るるはことわりなるものの、からまで貧しくておはさんとは思ひかけずぞありし。銭金のあらぬのみかは、米だに一升《しよう》だにもあらで、(イ)あすの煙は何をたよりにとや。B外の家にて取り来たる物だにあらば得させんを、我が手のむなしきはあるじが幸ひなきなり。歌はすきて詠むにや、ほととぎす待ち顔なることを、書きもをはらで寝たるよ。

我、これにつづけん。

C深き夜の雨にまどへる忍び音を

やよほととぎすふた声は鳴け

忍び音と詠めるこそ、我夜に隠れてあぶれ歩くをいふよ。昔はかかる遊びを、庭の教へにて習ひしが、酒といふ悪《あ》しき友にいざなはれて、よからぬをこ業《わざ》して、あやしき命をけふばかりはと逃れ歩くぞ。

と、鬼々(注5)しく書い散らしたり。

3

悪者《わろもの》のなかに、かかる人もありけり。目覚めたらば、とどめてうちものがたらんを、なほ外に立ちてありわびやすと、竹の戸開けて見おくりたれど、跡とむべくもあらず。魂合《たまあ》へる友を、あるじもせで帰したる心地なんせらる。(ウ)さてあるべくもあらねば、入りて、うづみおきし火やあると、かいまさぐる。そのあたりは、さすがに腹や寒かりけん、櫃《ひつ》の底、名残なう食らひはてて帰りしなり。程よきものなどありたらば、心ゆかせて帰さんものをと、竈《かまど》くゆらせつつ思ふは、をかしのけさの寝覚めなりけり。

（上田秋成『盗人入りし後』による）

（注）
1　うまい――深く眠ること。
2　簀《す》の子――建物の外周に、雨露が溜《た》まらないよう隙間《すきま》を開けて作られた縁側。濡《ぬ》れ縁。
3　いみいみしく――いかにも不吉に。
4　行潦《にはたづみ》――雨水が流れを作ったり、溜まったりしている状態。
5　鬼々しく――荒々しく。

問１　傍線部(ア)～(ウ)の解釈として最も適当なものを、次の各群の①～⑤のうちから、それぞれ一つずつ選べ。（５点×３）

(ア)　いづかたよりにやと

① どこかに隠れていないであろうかと
② どこかに手がかりはないであろうかと
③ どこかから出ては来ないであろうかと
④ どこから入ってきたのであろうかと
⑤ どこから出ていったのであろうかと

(イ)　あすの煙は何をたよりにとや

① 明日火葬の煙となるかもしれない身を、どうして惜しむことがあろうか
② 明日命が果ててしまったとしたら、だれが葬ってくれるであろうか
③ 明日家が焼けてしまったら、だれを頼りに生活すればよいであろうか
④ 明日の食べ物にも事欠き、どのようにして生きていくのであろうか
⑤ 明日料理する時には、何を使って火を熾《おこ》したらよいであろうか

(ウ)　さてあるべくもあらねば

① いつまでもそうしていても仕方がないので
② いつまでもそうしているのもきまりが悪いので
③ そうしたからといって何も現れるはずもないので
④ そうしていても食べ物が得られるとも思われないので
⑤ そうしているように言われたわけでもないので

問2 傍線部A「これ取りて行かざりしぞ、かへりては恥あることに覚ゆ」とあるが、なぜ「恥あること」だと思ったのか。その説明として最も適当なものを、次の①〜⑤のうちから一つ選べ。(7点)

① 柳葛籠を盗まれなかったことに安堵《あんど》感を覚えたことで、自分が物借しみする性格であることに、思いがけず気づかされたから。

② 柳葛籠を漁《あさ》るような浅ましい行為をする盗人であることにまるで気づかず、今まで気のあった友人として付き合っていたから。

③ 柳葛籠の中には着古した着物しか入れていなかったために、つまらない着物しか持っていないと盗人に誤解されたと思ったから。

④ 柳葛籠の中身を取り散らかされたものの、結局何も盗まれなかったのに、盗人に入られたと大げさに取り乱してしまったから。

⑤ 柳葛籠の中にめぼしい物があれば盗んでいったろうに、盗むに値する物がないほど貧しいと盗人に呆《あき》れられたと思ったから。

問3 傍線部B「外の家にて取り来たる物だにあらば得させんを、我が手のむなしきはあるじが幸ひなきなり」の解釈として最も適当なものを、次の①〜⑤のうちから一つ選べ。(7点)

① 他の家で盗む物があればよかったが手に入らず、この家にも押し入ることとなって、庵の主にとっては災難なことだ。

② 他の家のように盗める物さえあれば取ろうと思ったが、何も手に入れられなかったのは、庵の主が不遇で貧しいということだ。

③ 他の家から盗んだ物でもあれば庵の主に与えたいが、たまたま何も持ち合わせがないのは、主にとっては不運な

ことだ。

④他の家で盗んだ物があるので庵の主に与えたかったのだが、今晩主に会えないのは、結局巡り合わせが悪いということだ。

⑤他の家で盗んだ物を庵の主に与えようと思っていたので、何も取ってこられなかったのは、主にとっても不幸せなことだ。

問４　傍線部Ｃ「深き夜の雨にまどへる忍び音を」は歌の一部である。本文中では、これを詠んだ人とは別の解釈を、続きを詠んだ人が加えている。このことの具体的な説明として最も適当なものを、次の①～⑥から一つ選べ。（７点）

①はじめに詠んだのは庵の主で、あまりに貧しいので困って泣いているという意味で詠んだ。続きを詠んだのは盗人で、時鳥が夜雨の音に紛れて鳴いたという意味にもとっている。

②はじめに詠んだのは庵の主で、夜雨の中で時鳥の初音を待っているという意味で詠んだ。続きを詠んだのは盗人で、自分が夜雨に紛れて忍び歩くという意味にもとっている。

③はじめに詠んだのは庵の主で、雨に紛れて盗人が忍び込んで来そうだという意味で詠んだ。続きを詠んだのは盗人で、雨音に時鳥の初音が紛れているという意味にもとっている。

④はじめに詠んだのは盗人で、雨宿りした庵の主と忍び声で話しているという意味で詠んだ。続きを詠んだのは庵の主で、盗人が夜忍び歩いているという意味にもとっている。

⑤はじめに詠んだのは盗人で、夜雨の中で時鳥の初音を待っているという意味で詠んだ。続きを詠んだのは庵の主で、夜雨に降られて耐え忍んでいるという意味にもとっている。

⑥はじめに詠んだのは盗人で、自分が夜雨の音に紛れて忍び込んだという意味で詠んだ。続きを詠んだのは庵の主で、主の貧しさを哀れんで盗人が泣いたという意味にもとっている。

問5　本文と次に示す【文章】とは内容面で相似している。本文と【文章】についての説明として**適当でないもの**を、後の①～⑥のうちから**二つ**選べ。（7点×2）

【文章】

ある所に偸盗（注1）入りたりけり。主起きあひて、帰らん所をうちとどめんとて、その道を待ちまうけて、障子の破れよりのぞきをりけるに、盗人、物ども少々取りて袋に入れて、ことごとくも取らず、少々を取りて帰らんとするが、下げ棚（注2）の上に鉢に灰を入れて置きたりけるを、この盗人何とか思ひたりけん、つかみ食ひて後、袋に取り入れたる物をば、もとのごとくに置きて帰りけり。待ちまうけたることなれば、うち伏せて搦《から》めてけり。この盗人の振舞《ふるまひ》、心得がたくて、その子細を尋ねければ、盗人言ふやう、「われ、もとより盗《ぬす》みの心なし。この一両日食物《じきもつ》絶えて、術《せん》なくひだるく候ふままに、はじめてかかる心付きて、参り侍りつるなり。しかあるを、御棚に麦の粉《こ》やらんとおぼしき物の手に触り候ひつるを、ものの欲しく候ふままに、つかみ食ひて候ひつるが、はじめはあまり飢ゑたる口にて、何のものとも思ひ分かれず。あまたたびになりて、はじめて灰にて候ひけりと知られて、その後《のち》は食べずなりぬ。食物ならぬ物を食べては候へども、これを腹に食ひ入れて候へば、ものの欲しさがやみて候ふなり。これを思ふに、『この飢ゑに耐へずしてこそ、かかるあらぬさまの心も付きて候へば、灰を食べてもやすくなほり候ひけり』と思ひ候へば、取るところの物をもとのごとくに置きて候ふなり」と言ふに、あはれにも不思議にも覚えて、かたのごとくの贓物（注3）など取らせて帰しやりにけり。「のちのちにも、さほどにせん尽きん時は、憚《はばか》らず来たりて言へ」とて、常にとぶらひけり。盗人も、この心あはれなり。家主のあはれみ、また優なり。

（『古今著聞集』より）

（注）1　偸盗《ちゅうたう》——盗人。どろぼう。

2　下げ棚——つりさげた棚。

3　贓物《ざうもち》——蓄え。

①本文は、主人と盗人が直接会話をせず、和歌のやりとりをしているのに対し、【文章】は、両者が直接会話している点で異なる。

②本文は、盗人が憐れみから何も取らず立ち去ったのであり、【文章】は、空腹を満たした後に芽生えた良心から盗品を返したのである。

③本文は盗人が主人を憐れんでいるのに対し、【文章】では主人が盗人を憐れんでいるという点が異なっている。

④本文の話は主人の夢の中での出来事を実際に経験したこととして語っているが、【文章】の話は真夜中に起こった出来事として語られている。

⑤本文の主人は、情趣を解する心をもつ盗人に対して親しみを感じており、【文章】では空腹がおさまるや盗品をもとにかえした盗人の良心に感動を覚えている。

⑥本文は自分を殺さずに生かしてくれた盗人に対する感謝を中心にした話であり、【文章】は捕えた盗人を生かしてくれた主人にたいする感謝をのべた話である。

第6回 問題 QUESTION

共通テスト実戦演習⑥

解答時間	目標得点	学習日	解答編
20分	40／50点	／	P.58

次の文章は、『兵部卿《ひょうぶきょう》物語』の一節である。兵部卿の宮の恋人は宮の前から姿を消し、「按察使《あぜち》の君」という名で右大臣の姫君のもとに女房として出仕した。宮はそれとは知らず、周囲の勧めに従って右大臣の姫君と結婚した。以下の文章はそれに続く場面である。これを読んで、後の問い（問1〜5）に答えよ。（配点　50）

1 かくて過ぎゆくほど、御心(注1)のこれに移るとはなけれど、おのづから慰むかたもあるにや、昼なども折々は渡らせ給《たま》うて、碁打ち、偏継(注2)ぎなど、さまざまの御遊びどもあれば、按察使の君は宮の御姿をつくづくと見るに、かの夜な夜なの月影に、さだかにはあらねど見し人に違《たが》ふところなければ、「世にはかかるまで通ひたる人に似たる人もあるにや」と思ふに、見慣るるままには、物のたまふ声、けはひ、様《やう》体《だい》、みなその人なれば、あまり心ひとつに思ふも心もとなくて、侍従(注3)にしかじかと語り給へば、「さればよ、我もいと不思議なることども侍《はべ》り。かのたびたびの御供に候《さぶら》ひし蔵人《くらうど》とかや言ひし人、ここに候ひて、ことさら『宮の御乳母子(注4)なり』とて、人も(ア)おろかならず思ふさまなり。昨日も内裏《うち》へ参らせ給ふとて、出《い》でさせ給ふを見侍れば、たびたびの御文もて往《い》にたる御随身《みずいじん》も、『御前駆《さき》追ふ』とて忙《いそが》はしげなるさまにて候ひしは、かの中将は仮の御名にて、宮にてぞおはしましけんや」と。

2 いとど恥づかしく悲しくて、「さもあらば見つけられ奉りたらん時、いかがはせん。跡はかなく聞かれんとこそ思ひしを、かかるさまにて見え奉らん、いと恥づかしきことにも」と、今さら苦しければ、宮おはします時はかしこうすべり(注5)つつ見え奉らじとすまふを、「人もいかなることにかと見とがめんか」と、これも苦しう、「Aとてもかくても思ひは絶えぬ身なりけり」と思ふには、例の、涙ぞまづこぼれぬる。

3 ある昼つかた、いとしめやかにて、「宮も今朝より内裏におはしましぬ」とて、人々、御前《まへ》にてうちとけつつ、戯《たはぶ》れ遊び給ふ。姫君は寄り臥《ふ》し、御手習ひ、絵など書きすさみ給うて、按察使の君にもその同じ紙に書かせ給ふ。さまざまの絵など書きすさみたる中に、籬(注6)に菊など書き給うて、「これはいとわろしかし」とて、持たせ給へる筆にて墨をいと濃う塗らせ給へば、按察使の君、にほひやかにうち笑ひて、その傍らに、

X　初霜も置きあへぬものを白菊の早くもうつる色を見すらん

と、いと小さく書き付け侍るを、姫君もほほ笑《ゑ》み給ひつつ御覧ず。

4 をりふし、宮は音もなく入らせ給ふに、御硯(注7)なども取り隠すべきひまさへなく、みなすべりぬるに、姫君もまぎらはしに扇をまさぐりつつ寄りゐ給ふ。按察使の君は、人より異《け》にいたう苦しくて、御几帳《みきちやう》の後ろよりすべり出でぬるを、いかがおぼしけむ、しばし見やらせ給ひて、かの跡はかなく見なし給ふ人のこと、ふと思《おぼ》し出でつつ恋しければ、過ぎにしことども繰り返し思《おも》ほし出でつつ寄り臥させ給ふに、

御硯の開《あ》きたる、引き寄せさせ給へば、ありし御手習ひの、硯の下より出でたるを取りて見給ふに、姫君はいと恥づかしくて顔うち赤めつつ、傍らそむき給ふさま、(イ)いとよしよししくにほひやかなり。宮つくづくと御覧ずるに、白菊の歌書きたる筆は、ただいま思ほし出でし人の、「草の庵《いほり》」(注8)と書き捨てたるに紛《まが》うべうもあらぬが、いと心もとなくて、「さまざまなる筆どもかな。誰々《たれたれ》ならん」など、ことなしびに問はせ給へど、(ウ)うちそばみおはするを、小さき童女《わらは》の御前に候ひしを、「この絵は誰が書きたるぞ。ありのままに言ひなば、いとおもしろく我も書きて見せなん」とすかし給へば、「この菊は御前なん書かせ給ふ。『いと悪し』とて書き消させ給へば、わびて、按察使の君、この歌を書き添へ給うつ」と語り聞こゆれば、姫君は「いと差し過ぎたり」と、B恥ぢらひおはす。

(『兵部卿物語』による)

(注)
1 御《おほん》心のこれに移る —— 兵部卿の宮のお気持ちが右大臣の姫君に傾く。
2 偏継ぎ —— 漢字の偏や旁《つくり》を使った遊び。
3 侍従 —— 按察使の君の乳母の娘。
4 乳母子《めのとご》 —— 乳母の子ども。
5 すべりつつ —— そっとその場を退いて。
6 籬《ませ》 —— 垣根。
7 御硯《すずり》 —— 硯や筆、紙などを入れる箱。
8 「草の庵」と書き捨てたる —— 按察使の君が姿を消す前に兵部卿の宮に書き残した和歌の筆跡。

問１　傍線部(ア)〜(ウ)の解釈として最も適当なものを、次の各群の①〜⑤のうちから、それぞれ一つずつ選べ。（５点×３）

(ア)　おろかならず思ふさまなり

①　賢明な人だと思っている様子だ
②　言うまでもないと思っている様子だ
③　いいかげんに思っている様子だ
④　並一通りでなく思っている様子だ
⑤　理由もなく思っている様子だ

(イ)　いとよしよししくにほひやかなり

①　実に風情があり、良い香りが漂っている
②　実に才気にあふれ、魅力的な雰囲気である
③　実に上品で、輝くような美しさである
④　実にものものしく、威厳に満ちた様子である
⑤　実に奥ゆかしく、高貴な育ちを感じさせる

(ウ)　うちそばみおはする

①　ただ寝たふりをしていらっしゃる
②　ちょっと横を向いていらっしゃる
③　近くの人と雑談していらっしゃる
④　内心不愉快な思いでいらっしゃる
⑤　何かに気を取られていらっしゃる

問2　傍線部A「とてもかくても思ひは絶えぬ身なりけり」とあるが、按察使の君がそのように嘆く直接の原因の説明として最も適当なものを、次の①〜⑤のうちから一つ選べ。(7点)

① 宮に自分の存在を知られないよう気を遣いながら、女房たちに不審がられないよう取り繕わなければならないこと。
② 宮への思いを捨てられないにもかかわらず、右大臣の姫君の信頼を裏切らないようにしなければならないこと。
③ 宮に自分の苦悩を知ってほしいと願いながら、二人の関係を誰にも気づかれないようにしなければならないこと。
④ 宮が身分を偽っていた理由をつきとめたいと思う一方で、宮には自分の存在を隠し通さなければならないこと。
⑤ 宮の姿を見ないよう努めながら、宮と自分の関係を知る侍従に不自然に思われないようにしなければならないこと。

問3　傍線部B「恥ぢらひおはす」とあるが、この時の姫君の心情の説明として最も適当なものを、次の①〜⑤のうちから一つ選べ。(7点)

① 宮に会うのを嫌がっている按察使の君の様子が気の毒なので、長々と引き止めてしまった自分を恥じている。
② 按察使の君の見事な筆跡に宮が目を奪われているのを見て、自分が描いた絵のつたなさを恥ずかしく思っている。
③ 白菊の絵をめぐるやりとりを童女が進んで宮に語してしまったので、自らの教育が行き届かなかったと恥じている。
④ 配慮を欠いた童女のおしゃべりのせいで、自分たちのたわいもない遊びの子細を宮に知られて恥ずかしく思っている。
⑤ 白菊の絵を置き忘れた按察使の君の行動が不注意にすぎるので、自分の女房として恥ずかしいと思っている。

問4 本文の内容に合致するものを、次の①～⑥のうちから二つ選べ。（6点×2）

① 按察使の君は、右大臣の姫君の夫である兵部卿の宮が自分のもとに通っていた「中将」と同一人物らしいことに気づいた。しかし、以前の関係に戻るつもりはなく、できるだけ宮の目を避けようとした。
② 兵部卿の宮は、かつて按察使の君に対して身分を偽っていたが、侍従は、そのことを見抜いていた。そこで、按察使の君が宮と再会できるように、宮の妻である右大臣の姫君への出仕を勧めた。
③ 右大臣の姫君は、按察使の君が兵部卿の宮の目を避けようとしていることに気づき、二人の関係を知りたいと思った。そこで按察使の君に和歌を書かせ、その筆跡を見せて宮の反応を確かめようとした。
④ 按察使の君は、兵部卿の宮が自分のもとに通っていた「中将」と同一人物であることを、侍従から知らされた。そこで、右大臣の姫君の目を避けながら宮に自分の存在を知らせるため、和歌を詠んだ。
⑤ 兵部卿の宮は、右大臣の姫君と結婚してからも姿を消した恋人を忘れてはいなかった。そんなとき、偶然目にした和歌の筆跡が恋人のものと似ていることに気づき、さりげなく筆跡の主を探り出そうとした。
⑥ 右大臣の姫君は、新たに出仕してきた按察使の君を気に入り、身近に置くようになった。しかし、親しく接するうちに彼女が夫の兵部卿の宮と親密な間柄であったことを察し、不安な思いにかられた。

問5 次に示す【文章】を読み、その内容を踏まえて、Xの和歌についての説明として適当なものを、後の①〜⑥のうちから一つ選べ。（9点）

【文章】

『兵部卿物語』の和歌Xの「うつる」は「心移りする・色あせる・時が経つ・住む場所が変わる」の意味のラ行四段活用動詞「うつる【移る】」の連体形であるが、「心移りがする」の意味であれば恋の歌に分類することになるし、「色あせる」だと花が盛りを過ぎたということになり、季節の歌に分類することになる。このようにテーマが恋なのかそれとも季節なのかをはっきりさせなければ、和歌を理解したことにはならない。例えば次のYとZの歌をみてほしい。これは百人一首にもとりあげられている和歌であるから、見たことがある人も多いと思う。Yの歌の「うつり」は「色あせる」と「時が経つ（歳をとる）」が掛けられているが恋の歌ではなく、Zの歌の「うつり」は「色あせる」と「心変わりがする」が掛けられているから恋の歌とするのである。

Y　花の色は うつりにけりな いたづらに わが身よにふる ながめせしまに

（古今和歌集・巻二・春下・小野小町）

（訳）花の色ははかなく色あせてしまったなあ。長い雨が降り続いているうちに。それと同じく、この私も盛りを過ぎてしまったよ。むなしくもの思いにふけっているうちに。

Z　吹き迷う 野風を寒み 秋萩の うつりもゆくか 人の心の

（古今和歌集・巻十五・恋・雲林院《うりんゐん》の親王《みこ》〔常康親王〕）

（訳）吹き荒れる野原の風が寒いので、秋萩の花が色あせるようにあの人も心変わりしてしまったのか。

①兵部卿の宮に夢中になっている新婚の姫君に対して「初霧もまだ降りないのに、どうして白菊は早くも別の色に染まっているのだろうか」と冷やかして詠んだ。

②宮仕えで気苦労が絶えないことを姫君に打ち明けたくて、「初霜もまだ降りないけれども、白菊は早くもよそに移りたがっているようだ」と、暗示するように詠んだ。

③描いた白菊を姫君がすぐ黒色に塗りつぶしてしまったことに対して、「初霜もまだ降りないのに、どうして白菊は早くも色変わりしているのだろうか」と、当意即妙に詠んだ。

④白菊を黒い色に塗り替えた姫君の工夫を理解して、「初霜もまだ降りないけれども、庭の白菊は早くも枯れそうな色に染まってしまったようだ」と、臨機応変に詠んだ

⑤色を塗り替えられた白菊から容色の衰えはじめた女性の姿を連想して、「初霜もまだ降りないのに、どうして白菊は早くも色あせたのだろうか」と、冗談半分に詠んだ。

⑥非常に色あせやすい白菊を移り気な兵部卿の宮の様子に譬えて、「白菊のように移り気では、いつか姫君の心が他の人に移ってしまいますよ」と、なじるように詠んだ。

第7回 問題 QUESTION

共通テスト実戦演習⑦

解答時間	目標得点	学習日	解答編
20分	40／50点	／	P.68

次の【文章Ⅰ】は、中島広足《ひろたり》の『うつせ貝』の一節で、播磨《はりま》の国明石《あかし》の浦あたりに住んでいる男が、上京の折に出入りしている貴族の屋敷で、姫君に仕えている女と恋仲となり、落ち合う機会をうかがっていた。以下の文章はそれに続く部分である。【文章Ⅱ】は『伊勢物語』第六段「芥川」の一節である。これを読んで、後の問い（問1〜5）に答えよ。（配点　50）

【文章Ⅰ】

1　かくてなほ、その夜も空《むな》しくて明けぬ。いとどおぼつかなく思ひわびて、また人やりつるに、行きたがひて、彼方《かなた》より下仕への女をおこせたり。今宵《こよひ》もさはるよし言へば、待つかひもなく、思ひしをれたるに、初夜《そや》過ぐるころ、Aかの女まどひ来たり。さるは、こなたよりの消息《せうそこ》に、「今宵さへさはりあらむは、心のほどもおぼつかなし。今は立ち返るも、はしたなる身になりぬれば、このままに、いづちもいづちも行きかくれて、世をものがれぬべし」など言ひつかはしつるに、驚きて、わりなく忍び出《い》でぬるなるべし。(ア)やがて絶え入りてうつし心なし。もの思ひ騒ぎては、「例もかうやうに絶え入る折々ありとは聞けど、今しもにはかにかかるさまなるをいかにせむ」と思ひ惑はれて、いみじうかなしきに、神仏を念じつつ、つと抱き持ちて、湯など飲ませぬるに、からうじていき出でぬるもまづいとうれし。ややうやう心をしづめつつ、よろづのことども語らふも夢のやうなり。いつしかとふけゆく秋の夜、軒もあらはなる草の庵《いほ》の、戸口さへさながらなるに、さし入りし月影もいつしか雲隠れて、雨をさそへる秋風はた寒く、うちしめりゆく虫の声々いとあはれなり。

　　風わたる草のたもとにあらそひて露散りまがふ袖《そで》の上かな

2 明けゆく軒の雨そそきも、いとわびしく降りしきるに、立ち出でむ空もなくて籠《こも》りをり。「人や見つけむ」と思ふもいと恐ろしきに、雷《かみ》さへおどろおどろしう鳴れば、またも「いかならむ」と女の心思ひやるに、我さへいと苦しくて、胸を押さへつつ、何くれと慰め暮らす。やうやう雨は晴れぬれど、風はなほ激しきに、さすがに人目もはばかられて、たそかれ時よりぞ出で立ちける。あやしき車に乗りて行くに、女は、かねて心かはせるものから、かく思ひかけぬ道にゆくりなくあくがれ出でぬるが、さすがに悲しく、今さら宮のうち、姫君の御方のみ恋ひしくて、Bよよと泣かれぬ。男は、年ごろの本意《ほい》かなひて、雨の名残のいと悪《あ》しき道をたどり行く苦しさもかつは忘れつつ、ただ急ぎに急ぎて、夜中うち過ぐるころ、もとの渚《なぎさ》に来着きて、ありし舟に移し乗するほど、さらに知る人なし。やがてさし下すに、いととく過ぎ行くもCうれしくおぼゆ。川尻《かはじり》を離るれば、沖つ潮風荒ましう吹きて、波さへ高う立ち来るに、ならはぬ人はましていと苦しげにて、いみじう思ひ惑へるさまの心苦しければ、もろともに衣《きぬ》ひきかづきてうちふしをり。我が住む方もいつしか近づきぬる心地するに、明けゆく空の光に見れば、おもしろき入江のほとりを漕《こ》ぎ行く。渚に立てる松どもの姿、梢《こずゑ》にかかれる葛《かづら》のさまなど、(イ)えもいはずをかしきを、「かれ見給へ。D種しあれば、かかる荒磯《あらいそ》にも、生ひ出づる松はありけるものを」など言ふに、女も少し頭もたげたり。

【文章Ⅱ】

昔、男《をとこ》ありけり。女のえ得《う》まじかりけるを、年を経てよばひわたりけるを、からうじて盗み出でて、いと暗きに来《き》けり。芥川といふ河を率て行きければ、草の上に置きたりける露を、「かれは何ぞ」となむ男に問ひける。行く先多く、夜も更けにければ、鬼ある所とも知らで、神さへいといみじう鳴り、雨もいたう降りければ、あばらなる蔵に、女をば奥におし入れて、男、弓、やなぐひを負ひて戸口に居り。(ウ)はや夜も明けなむと思ひつつゐたりけるに、鬼はや一口に食ひてけり。「あなや」と言ひけれど、神鳴る騒ぎにえ聞かざりけり。やうやう夜も明けゆくに見れば率て来し女もなし。足ずりをして泣けどもかひなし。

白玉か何ぞと人の問ひし時露と答へて消えなましものを

（【文章Ⅰ】中島広足『うつせ貝』・【文章Ⅱ】『伊勢物語』による）

問１　傍線部(ア)～(ウ)の解釈として最も適当なものを、次の各群の①～⑤のうちから、それぞれ一つずつ選べ。（５点×３）

(ア)　やがて絶え入りてうつし心なし

① すぐに手紙が途絶えて何の音沙汰もない
② すぐに命を落とすのではないかと気が気でない
③ そのまま気を失って意識がない
④ すべて愛情が失せてしまうわけがない
⑤ そのままいなくなって何の連絡もしない

(イ)　えもいはずをかしきを

① 言葉にならないほど愛らしくて
② 話すことができないほど不自然になって
③ 言いようもないほど風情があって
④ 言葉にするのもおこがましくて
⑤ 言いようもないほど不気味に感じて

(ウ)　はや夜もあけなむ

① もはや夜も明けてしまったようだな
② すぐに夜が明けるはずなどないだろう
③ きっとすぐに夜も明けてしまうだろう
④ 夜が明けたらよかったのになあ
⑤ 早く夜が明けてほしい

問2 傍線部A「かの女まどひ来たり」とあるが、女がそういう行動をとった理由について、本文中ではどのように述べられているか。その説明として最も適当なものを、次の①〜⑤のうちから一つ選べ。(7点)

① 女は、使いの者に呼ばれて仕方なく姫君のお屋敷に戻っていたが、男から「どっちつかずのことをするくらいなら、どこへでも行ってしまいなさい」という手紙が来たのに当惑し、やって来ざるを得なかったのだろうと述べられている。

② 女は、男が訪れないので手紙を送ったところ、行き違いに男から「差し障りができたので、道の途中で引き返しました」という手紙が来たのに落胆し、こちらから会いに行かなければと考え、やって来たのだろうと述べられている。

③ 女は、夜中になって届けられた男からの手紙に「あなたの気持ちがよくわからないので、もう二度と会いには行きません」とあったのに狼狽《ろうばい》し、姫君のお屋敷を抜け出し、こっそりと夜道をやって来たのだろうと述べられている。

④ 女は、男からの度々の誘いにも応じる決心がつかず断わり続けていたが、「今夜も会えないというのなら、あなたの前から消えてしまいます」という男の手紙を読んで動揺し、やって来ざるを得なかったのだろうと述べられている。

⑤ 女は、行き違いが重なってなかなか会えない男のもとから、「今夜も忙しいのでとても会いには行けません」という手紙が来たので、男が心変わりしてしまったのではないかと危惧《きぐ》し、急いでやって来たのだろうと述べられている。

問3　傍線部B「よよと泣かれぬ」・C「うれしくおぼゆ」とあるが、なぜ女は泣き、男はうれしく思ったのか。その説明として最も適当なものを、次の①〜⑤のうちから一つ選べ。（7点）

① 女は、旅立つことは了承したものの、突然こうして悪路を行くことがつらく、都での日々も懐かしいのに対し、男は、道中の危険を気にしつつも、ともかく出立できたことを喜び、無事に早く着いてほしいと思っているから。

② 女は、結婚の約束はしていたものの、突然こうして見知らぬ土地に向けて出立することが意外で、体調も不安であるのに対し、男は、女の健康状態を気にしつつも、結婚できたことを喜び、旅路を急ぐ気持ちになっているから。

③ 女は、男の願望を知ってはいたものの、突然こうして宮中を去ることが寂しく、家族の今後も心配であるのに対し、男は、生活の厳しさを気にしつつも、静かに暮らせることを喜び、旅路を急ぐ気持ちになっているから。

④ 女は、手紙こそやりとりしていたものの、突然こうして連れ出されることが心外で、主人の心労も気がかりであるのに対し、男は、悪事の露見を気にしつつも、女を盗み出したことを喜び、無事に早く着いてほしいと思っているから。

⑤ 女は、男と心通じる中ではあったものの、突然こうして都を去ることが予想外で、姫君の屋敷での暮らしも名残惜しいのに対し、男は人目を気にしつつも、女を連れて帰れることを喜び、旅路を急ぐ気持ちになっているから。

7

問4　傍線部D「種しあれば、かかる荒磯にも、生ひ出づる松はありけるものを」は、『古今和歌集』の「種しあれば岩にも松は生ひにけり恋ひをし恋ひば逢はざらめやも」という歌をふまえた表現である。男は、これによって、どのようなことを伝えようとしているのか。その説明として最も適当なものを、次の①〜⑤のうちから一つ選べ。（7点）

①厳しい自然環境であっても、種がいつかは常緑の松に育つように、初めは淡い恋心であっても、互いに心変わりしなければ、こうして固いきずなで結ばれるのだということ。

②厳しい自然環境であっても、種さえあればいつかは松が生えるように、ひたすら恋し続ければ、どんなに困難な状況であっても、こうして一緒になれるのだということ。

③どのような自然環境であっても、種から松が育つには年月がかかるように、恋が芽生えたとしても、心から信頼し合える仲になるまでには、長い時間が必要なのだということ。

④厳しい自然環境であっても、種がいつしか大木の松に育つように、辛抱強く持ち続ければ、たとえ時間はかかったとしても、こうして待ち人は来てくれるのだということ。

⑤どのような自然環境であっても、種がなければ松は生えてこないように、どんなに恋い慕っても、相手が応じてくれなければ、恋が成就することないのだということ。

問５　次にあげるのは【文章Ⅰ】と【文章Ⅱ】を読んだ後、生徒と教師が交わした授業中の会話である。会話の後に六人の生徒から出された発言①〜⑥のうち、【文章Ⅰ】と【文章Ⅱ】の比較として最も適当なものを**二つ**選べ。（7点×2）

生徒　先生、【文章Ⅱ】ですが、以前、読んだ記憶があります。

教師　『伊勢物語』の「芥川」は以前授業で扱ったことがあるよ。学校教科書にも掲載されている有名なお話だね。

生徒　そうでしたね。【文章Ⅰ】は初めて読みましたが、どことなく【文章Ⅱ】と似ているような気がします。

教師　よく気づいたね。昔では古い有名な物語を模倣して新しい別のお話を作るということが盛んに行なわれてきたんだ。江戸時代に成立した『うつせ貝』は、平安時代成立の『伊勢物語』のパロディと考えてもよいと思う。

生徒　そういえば少し前の授業で、先生が「本歌取り」という修辞法について話していたことを思い出しました。古い和歌の一句か二句も取り入れて、和歌を詠むやり方でしたよね。これもその一種ですか。

教師　和歌と物語とを同列に扱うことはできないけれど、古歌の情趣を借りて歌を詠むことと、意図的に古い作品を真似て物語を創作することは、ある意味では同じ手法だと考えてもよいかもしれないね。では、【文章Ⅰ】と【文章Ⅱ】の相違点と類似点についてみんなで意見を出し合ってごらん。

① 生徒A——【文章Ⅰ】と【文章Ⅱ】の男女は駆け落ちをするという点が似ているね。ただ、【文章Ⅰ】の女は駆け落ちに積極的だけど、【文章Ⅱ】の女は抵抗しつつも男に従っている形だね。『うつせ貝』の筆者は『伊勢物語』を模倣しつつも、少し改変しているように見えるよ。

② 生徒B——A君の言った「積極的」「抵抗しつつ」というのは少し違うと思う。【文章Ⅰ】では女は男にしぶしぶついてきたわけだし、【文章Ⅱ】では男が女を「盗み出で」たとなっているからね。【文章Ⅰ】の「女」と比較すると、【文章Ⅱ】の「女」は非常に受け身でまるで人形のようだと感じたよ。

③生徒C――そういえば、【文章Ⅰ】の「風わたる」の和歌にも、【文章Ⅱ】の「白玉か」の歌にも、同じように「露」という語が使用されているね。「露」は「命・涙・愛情」などのたとえとしてよく使われるって、以前先生が授業で言ってたことを思い出したよ。【文章Ⅰ】も【文章Ⅱ】も、これからどうなっていくかわからない自らの命のたとえとして「露」が使用されているのだと思う。

④生徒D――なるほど、ボクもC君が言った通りだと思うな。ただ、【文章Ⅰ】の「女」は命を落とさないけれど、【文章Ⅱ】の女は命を落としてしまっている。同じ「露」を使用していても【文章Ⅰ】はハッピーエンドで【文章Ⅱ】はバットエンドというところが相違点になるね。

⑤生徒E――「白玉の」の歌の「露」は確かにはかない命をたとえているように思われるけれど、【文章Ⅰ】の「風わたる」の歌の「露」は「袖の上」に続いているから「涙」のたとえだと思うな。

⑥生徒F――僕は双方の歌の「露」は「愛情」のたとえだと思う。男の愛情を信じたいと思いつつも、どうなるかわからないという不安な気持ちを、二人の女が詠んだのだと思うな。そういえば、【文章Ⅱ】の『伊勢物語』の「男」は有名な歌人の在原業平がモデルになっていると、先生が言ってたことを思い出したよ。

第8問題 QUESTION

共通テスト実戦演習⑧

解答時間 20分
目標得点 40／50点
学習日 ／
解答編 P.78

次の文章を読んで、後の問い（問1〜5）に答えよ。（配点 50）

鈴木竜は、糸竹（注1）の交《まじ》はりにて、年ごろ親しく語らひぬる仲なりけるを、この夏のころ、いささか心得ぬことのあれば、行きて言ひたださばやと思ふ折から、いと重く患《わづら》ふと聞けど、常にか弱き人にもあらねば、Aほどなくおこたらん折にこそと思ひて、うち過ぎぬるほど、にはかに弱くなりて、つひに身まかりぬ。齢《よはひ》は今年五十《いそぢ》とか聞きし。(ア)よろづたどたどしからず、呂律（注2）のことなどいとよう心得たる人にて、かば（注3）かりなるも、たづねんにはいと(イ)かたかるべし。惜しみつつせんすべなくて月日を経るに、こよひ雪いと深う降りて寒ければ、とく臥《ふ》しぬ。暁がたの夢にこの人訪《と》ひ来と見て、「身まかりぬと聞きしはそらごとなりけり。重く患ふに、(ウ)いかでかいませし」と言へば、「対面《たいめ》せでは、心の（注4）むすぼほれ解くべきやうも侍らず。B心一つをしるべにて」と言ふ。いと苦しげなり。かの心得ず思ひしこと言ひ解くとぞ思ひし。雪の（注5）しづりの音に目ざめたるに、ともし火かすかに嵐《あらし》激しく吹き、落つる涙玉を乱すがごとし。

X　思ひつつ寝《ぬ》るともなきをなき人の定かに見えし夢ぞあやしき

ありし世の恨みも消えて白雪のふりにし人ぞさらに恋しき

Y 覚めて後《のち》こと通はさん道をだに問はましものを夢と知りせば

ありし世に「朝《あした》の雪は消えやすし。夜の雪には訪ひて糸竹の遊びせん」と言ひしを思ひ出でて、

雪の夜は必ず来んと頼め(注6)し人や思ひ出でけん

（小沢蘆庵《ろあん》『六帖詠草』による）

（注）1 糸竹《しちく》――「糸」は弦楽器、ここでは音楽一般をさす。作者の小沢蘆庵は、鈴木竜とともに琴の名手であった。

2 呂律《りょりつ》のこと――音楽に関すること。「呂」「律」は音階についての用語。

3 かばかりなる――これほどの人。

4 心のむすぼほれ――心のわだかまり。

5 雪のしづりの音――雪が木の枝などから落ちる音。

6 頼めしを――この「頼む」は「頼りに思わせる・信頼させる」の意。

問1 傍線部(ア)〜(ウ)の語句の解釈として最も適当なものを、次の各群の①〜⑤のうちから、それぞれ一つずつ選べ。（5点×3）

(ア) よろづたどたどしからず
① 何につけても簡単には教えず
② 大変気性がまっすぐで
③ 何事にもよく通じていて
④ 決して得意顔をすることなく
⑤ 万事につけて対応がすばやく

(イ) かたかるべし
① 堅実であるにちがいない
② 容易であるにちがいない
③ 煩雑であるにちがいない
④ 困難であるにちがいない
⑤ 頑固であるにちがいない

(ウ) いかでかいませし
① どうしてここへおいでになったのですか
② なぜあの世へ行ってしまわれたのでしょう
③ ここへいらっしゃるはずもありません
④ どうお過ごしになっていたのですか
⑤ なぜ今ごろやって来たのでしょう

問2　傍線部A「ほどなくおこたらん折にこそ」の説明として最も適切なものを、次の①～⑤のうちから一つ選べ。（7点）

① そのうち警戒心のゆるんだころに、行って問い詰めようということ。
② そろそろ病気が快方に向かうころだから、心配あるまいということ。
③ 早くも気がゆるんで、今ごろは病状が悪化しているにちがいないということ。
④ いずれ暑さのやわらいだ折に、見舞いに行こうということ。
⑤ 間もなく病気が回復したら、その時に訪ねようということ。

問3　傍線部B「心一つをしるべにて」とはどういうことか。その解釈として最も適当なものを、次の①～⑤のうちから一つ選べ。（7点）

① あなたを思う私の真心を信じて、いっしょに付いて来てください。
② どうか、わざわざここへやってきた私の気持ちだけは信じてください。
③ あなたにお会いしたいといちずに思うあまりに、訪ねて来たのです。
④ 私のことだけをひたすら考えてくだされば、私の言いたいことは自然とわかります。
⑤ あなたにお会いしなければならない事情は、私一人が知っていることです。

問4　本文の内容と合致するものを、次の①～⑥のうちから一つ選べ。（7点）

① 鈴木竜は作者に質問したいことがあって、訪ねて行こうと思った矢先に、重い病気にかかってしまった。
② 鈴木竜は日ごろ病弱であったので、彼が重い病気になったと聞いた作者は、見舞いのために何回か訪ねて行った。
③ 鈴木竜を夢に見たのは、寝る時も常に彼のことを考えていたからだと、作者は解釈している。
④ 夢の中で鈴木竜は釈明をしようとする様子だったが、目が覚めてしまったので、作者は彼に対する心のわだかまりを解消しきれないでいる。
⑤ 鈴木竜に会ったのは、現実ではなく夢の中の出来事だと、作者には目が覚める前からわかっていた。
⑥ この夜、鈴木竜が夢に現れたのは、雪の夜には訪ねようという生前の約束を彼が思い出したからだと、作者は受け止めている。

問5　本文の『六帖詠草』の名称は平安時代中期に成立したといわれる『古今和歌六帖』に由来するものである。次に示す【文章】を読み、その内容を踏まえて、X・Y・Zの三首の和歌についての説明として最も適当なものを、後の①～⑥のうちから二つ選べ。（7点×2）

【文章】

本文の『六帖詠草』のXとYの歌は、『古今和歌六帖』の夢の部に記されている次のZの和歌の内容と類似している。ただ、XとYとZでは内容面で異なる箇所が見受けられるのである。

Z　思ひつつ寝ればや人の見えつらむ夢と知りせばさめざらましを
（小野小町）

①Xの歌では「寝るともなき」の「ともなき」に「もらい泣き」の意味の「共泣き」が、Yの歌では「こと通はさん」の「こと」に「琴」と「言」の意味が、Zでは「ぬれ」に「寝れ」と「濡れ」がそれぞれ掛けられている。

②古代では、強い願いによって肉体から離れた霊魂が、他人の夢の中に現れると信じられていた。XとYで夢に現れたのは亡くなった友人であり、Zでは恋人である。

③XとZの歌に使用されている「〜せば…まし」という表現は、事実とは反対のことを想像する反実仮想の用法である。双方とも実際に夢を見たわけではなく、夢を見たとしたらという仮定の条件を表している。

④Yの歌の「こと通はさん」の「ん」は助動詞「む(ん)」の意志の用法であり、Zの歌の「寝ればや人の」の「ばや」は終助詞で自己の願望の用法である。双方とも逢いたい人に対する切実な気持ちが表現されている。

⑤Xは亡くなった人のことを思って取り乱しているのを人に気づかれたくないという心情を表現した歌であり、Zは落ちぶれた今の自分の様子を愛する人に見られたくないという心情を表現した歌である。

⑥古代では逢いたい人のことを思いながら寝るとその本人が夢に現れると信じられていた。Xでは思いながら寝たわけでもないのになぜ現れたのかと詠み、Zでは思いながら寝たために夢に現れたと詠んでいる。

共通テスト実戦演習⑨

解答時間
20分
目標得点
40 / 50点
学習日
／
解答編
P.86

次の文章は、俵藤太《たわらとうた》とも呼ばれる藤原秀郷の武勇伝『俵藤太物語』の一節である。次の文は、藤太が平将門《まさかど》の御所に客として滞在しているときの場面を描いたものである。これを読んで、後の問い（問1～5）に答えよ。（配点 50）

1 ここにまた時雨《しぐれ》と申して、館《やかた》より通ひものする女房あり。秀郷（注1）のもとに来たりて言ふやうは、「御ありさまを見まゐらするに、ただ事ともおぼえず。おぼしめす事あらば、わらはに仰《おほ》せられ候へかし。力に叶《かな》ふ事ならば叶へたてまつるべし。御心置かせ給《たま》ふなよ」と、ねんごろに申すなり。

2 藤太、このよし聞きて、ささやきけるは、「はづかしや、A思ひ内にあれば、色外《ほか》に現はるるとは、かやうのためしや申すらん。みづからが思ひのたねをば、いかなる事とかおぼすらん。いつぞや御前（注2）へ参りし御局《つぼね》の簾中《れんちゅう》より、見出《い》だされたる上臈《じやうらふ》の御立ち姿を、一目見しより、恋の病となり、生死さだめぬ我が身のふぜい、誰《たれ》かあはれと問ふべきや」と、さめざめと泣きければ、時雨、このよし聞きて、偽りならぬ思ひの色、あはれに思ひ、「さればこそ、みづからがかしこくも見知りまゐらせたるものかな、その御ことは、わが（注3）主《しう》の御乳母子《めのとご》にておはします、小宰相《こざいしやう》の御方にてましますなり。色には人の染むこともあり。おぼしめす言の葉あらば、一筆あそばし給はれかし。(ア)参らせてみん」と言へば、藤太いとうれ

しくて、取る手もくゆるばかりなり。紫の（注4）うすやうに、なかなか言葉はなくて、

Ⅰ　恋ひ死なばやすかりぬべき露の身の逢《あ》ふを限りにながらへぞする

と書きて、引き結びてわたしけり。

[3] 時雨この玉梓《たまづさ》をとりて、小宰相の御方へ持ちて参り、「これこれのものを拾ひて候ふ。読みて給はれ」と申しければ、小宰相何心もなくひらきて見給ひつつ、「これはしのぶ恋の心を詠める歌なり」と、仰せられければ、時雨さしよりて、「B何をかつつみ申すべき。しかしかの方より御前へささげたてまつり、一筆の御返事をも、伺ひて得させよ、と頼むにいなみがたくて、おそれながら、ささげたてまつるなり。何かはくるしう候ふべき。笹《ささ》の小笹の露の間の御なさけはあれかし」とわぶれば、女房、顔うちあかめて、なかなかもののたまはず。時雨、重ねて申すやう、「Cえびす心のわくかたなくて、恋ひ死なば、長き世の御もの思ひとなるべし。天竺（注5）の術婆伽、后《きさき》を恋ひ、思ひの炎《ほのほ》に身を焦がしけるためし、おぼし知らずや」と、やうやうに言ひなぐさむるほどに、女房もさすが(イ)岩木にあらねば、人の思ひのつもりなば、末いかならんと悲しくて、かの玉梓の端に、一筆書きて、引き結びて出だされたり。時雨、うれしく思ひて、やがて藤太のもとに来たりて渡しけり。藤太取る手もたどたどしくひらきて見れば、

Ⅱ　人はいさ変はるも知らでいかばかりこころの末を遂げて契らん

9

と、あそばしけるを見て、よろこぶ事はかぎりなし。それよりしのびしのびに参りつつ、(ウ)わりなきなかとぞなりにける。この事深くつつみ隠しければ、御所中に知る人さらになし。

(『俵藤太物語』による)

(注)
1 秀郷《ひでさと》――俵藤太(藤原秀郷)のこと。平安時代の武将。平将門は、東国で「新皇」と称し、宮中と同じような御所を営んでいた。
2 御前――この発言中では「御前」は平将門を指す。
3 わが主――平将門を指す。
4 紫のうすやう――紫色の薄い紙。
5 天竺《てんぢく》の術婆伽《じゅつばか》――后に恋い焦がれて死んだというインドの漁師。

問1 傍線部(ア)〜(ウ)の解釈として最も適当なものを、次の各群の①〜⑤のうちから、それぞれ一つずつ選べ。(6点×3)

(ア) 参らせてみん
① お返事をもらってみせましょう
② お手紙を差し上げてみましょう
③ 代わりに書いてさしあげましょう
④ こちらに来させてみましょう
⑤ あの方の所にお連れしてみましょう

(イ)　岩木にあらねば
① 動くことのない岩や木とはちがって、頑固な態度ではいられないので
② 心を持たない岩や木とはちがって、感情が無いというわけではないので
③ 姿を変えない岩や木とはちがって、心変わりしないわけではないので
④ どこにでもある岩や木とはちがって、平凡な性格ではないので
⑤ 風雨に耐えている岩や木とはちがって、強い忍耐力がないので

(ウ)　わりなきなか
① 世間の人々が認めている間柄
② 周りが心配するほどに気まずい間柄
③ 結局はうちとけられなかった間柄
④ 強引に契りを結んでしまった間柄
⑤ 離れがたいほどに親密な間柄

問2　傍線部A「思ひ内にあれば、色外に現はるるとは、かやうのためしや申すらん」とあるが、その「思ひ内にあれば、色外に現るる」という内容を持った和歌はどれか。最も適当なものを、次の①〜⑤のうちから一つ選べ。(7点)
① 思ひつつ寝《ぬ》ればや人の見えつらん夢と知りせば覚めざらましを
② 思ふてふ言の葉のみや秋をへて色もかはらぬ物にぞありける
③ くれなゐの初花染めの色ふかく思ひし心我わすれめや
④ しのぶれど色にいでにけり我が恋は物や思ふと人のとふまで
⑤ あひみての後の心にくらぶれば昔は物を思はざりけり

問3　傍線部B「何をかつつみ申すべき」といったときの時雨の気持ちの説明として最も適当なものを、次の①〜⑤のうちから一つ選べ。（7点）

① 事実が露呈してしまったので、しかたなく本当のことをうち明けようと思っている。
② 計画がうまくいかなかったので、別の方法で言いくるめるしかないと思っている。
③ 自分のおもわくに沿って事が進んだので、さらに先に話を進めようと思っている。
④ 恋心を隠していることを知って、それをぜひともうち明けてほしいと思っている。
⑤ 何を隠しているのだろうかと心のうちがわからなくて、いぶかしく思っている。

問4　傍線部C「えびす心のわくかたなくて、恋ひ死なば、長き世の御もの思ひとなるべし」の解釈として最も適当なものを、次の①〜⑤のうちから一つ選べ。（8点）

① あなたが、頑《かたく》なな心で藤太を拒み、恋を知らずに死んでしまったなら、私は、これから長い間そのことを悔やみ続けなければならないでしょう。
② あなたが、鈍感な藤太に恋の思いを伝えられず、そのまま死ぬことにでもなれば、世間の人は、いつまでもあなたに同情し続けるでしょう。
③ 藤太が、粗野な心ながらも、あなたのことを思ったままで、死んでしまったなら、あなたは、ずっと藤太のことを思い続けなければなりません。
④ あなたが、愚直な藤太の心を理解できず、藤太が恋い死にしてしまったとしたら、あなたは、これから絶えず物思いにふけるに違いありません。
⑤ 藤太が、無骨な心で一途《いちず》に思いこみ、恋い死にすることにでもなれば、あなたは、後々までもそのことで思い悩むことになるでしょう。

問5　Ⅰ・Ⅱの和歌のやりとりに関する説明として適当なものを次の①〜⑤のうちから一つ選べ。(10点)

① 「露」は「はかない命」をたとえた表現で、「露の身」とはいつまでも生きていられない人の命のこと。Ⅰが恋を経験せずに死んでしまうのはつまらないと藤太が小宰相に諭した歌であるのに対し、Ⅱは小宰相の歌で、愛していても人は心がわりをしてしまうものなので、信用できないと詠んで藤太に対する不信感をあらわにした歌である。

② 「露」は愛情をたとえた表現で、「露の身」は小宰相の愛を一身に受ける藤太自身を表したもの。Ⅰが小宰相が少しでも自分に愛情をかけてくれるのなら、生きながらえることができると告げた藤太の歌であるのに対し、Ⅱは小宰相の歌で、男の人はすぐに心がわりをしてしまうので信用できないと詠んで藤太に対する不信感をあらわにしている。

③ 「露」は涙をたとえた表現で、「露の身」は涙にぬれる藤太自身をあらわしたもの。Ⅰが小宰相がまったく相手にしてくれないので人知れず涙を流していると詠んだ藤太の歌であるのに対し、Ⅱは小宰相の歌で、他の人は心変わりするかもしれないが自分は絶対心変わりはいたしませんという藤太に対する永遠の愛を誓った歌である。

④ 「露」は「はかない命」をたとえた表現で、「露の身」は恋わずらいで死にそうになっている藤太自身をあらわしたもの。Ⅰが小宰相が愛情をかけてくれるならばきっと生きながらえることができるのだという藤太の歌であるのに対し、Ⅱは小宰相の歌で、愛していても人は心変わりをしてしまうものなので信用できないと詠んではいるが、藤太の気持ちを受け入れようとする小宰相の気持ちがあらわれている。

⑤ 「露」は愛情をたとえた表現で、「露の身」というのは数多くの男が恋焦がれる小宰相のことである。Ⅰはそんな魅力的な小宰相のためならいつでも死ぬことができると詠んだ藤太の歌である。Ⅱは小宰相の歌で、私だけを愛してくれるのならきっとあなたを愛し続けることでしょうと詠んで藤太の気持ちを受け入れようとしている。

9

第10問題
QUESTION

共通テスト実戦演習⑩

解答時間
20分
目標得点
40 / 50点
学習日
／
解答編
P.96

次の文章は、江戸時代後期の歌人、香川景樹が著した歌論書『桂園遺文《けいえんいぶん》』の一節である。これを読んで、後の問い（問1～5）に答えよ。（配点　50）

1　三日、夕さりつかた、いささか空ものどやぎぬれば、をさなきをいだきて、埋火《うづみび》によりてゐて、外《と》のかたを見出《い》でたるに、籬《まがき》のむら竹の上に、愛宕（注1）・嵐の山々、(ア)にほひやかに横ほれり。見るがうちに、夕雲にたなびかれてかき暮れぬ。その雲の色、墨染《すみぞめ》なるに、薄きかたは紫のにほひもあなるが、南をさして、大旗なし小旗なして過ぎ行くめる。あるは獣《けだもの》の吠《ほ》ゆる形、あるは鳥のかけるさまなど、ひとかたならず。あるはたちまち人の顔となり、あるは鬼の姿と消え失《う》せて、みるみる千々《ちぢ》に変はりゆくは、幻の心地ぞする。

2　名付けあへぬまに跡もとどめぬを、「そはそは」と言ふほど、をさな（注2）が見なして、「菫《すみれ》の花に似たり」と言ふを聞きて、おのれ、とりあへず、「菫の雲は消えにけるかな」とうち誦《ず》して、さて、「Aかく言ふが、かの歌なり」と言へば、をさな驚きて、しか言へば歌にやといふ顔つき、いささか心得たりげなれば、またいはく、「そこのこのごろ読む古今集の序に、『見るもの聞くものにつけて言ひ出だせるなり』とあるは、この歌詠むことをいへるなり。なほ、試みに言へ」と言へば言へる、「雲が見ゆれば鐘も鳴るなり」、こは、黒谷（注3）の入相、後ろのかたに聞こゆればなり。おのれ、ほめたたへて、「しかりしかり、歌はさるものなり」と言ふあひだに、隣の垣ほより薄き煙のこなたざまにうらなびきたるを見て、おのれ、「雲と煙と見えにけるかな」と言ひて、「なほ、かく、物につけて言はれざることなし」と言ふを、をさな聞きて、「『立ちにけるかな』とせばいかに」と言ふ。こは、かの、あめ牛（注4）に突かれたる、なりけり。「立ちにける」と言はば、え聞き取るまじうおぼえて、Bなかなかのしれわざせるなり。

3 をとつ年のころより、「月に花に触れて歌詠め」と言へば、「いづれの歌をか詠まむ」と言ふ。こは、百人一首・三十六人（注5）の古歌など、詠み出づることなりと思へるなり。「我が思ふことを詠むなり」と教ふれど、とかく心得かねて、人の詠める歌など、かたはらに聞きおぼえて、誦しなどしてありしなり。今日しも、おのが言へる言葉によりて諭したるにて、心得たるなり。立ち返りて思ふに、(イ)「歌」といふ名になづみ、「詠む」といふ言葉にまどへるものなり。ただ、「月を言へ、花を言へ」など言はば、おそらくは、(ウ)とくも心得けむかし。さて次々に言ひ出づるを聞くに、Cかたなりなるは言ふにたらず、その心ばへは真心にして、さらに歌のほかならず。

4 こは、このをさなが上のことならず。誰《たれ》も誰も、この道に入る人、「歌」といひ、「詠む」といふにまど

10

はざるはなしとぞ思ふ。この夕雲のたはごとにつきて教ふるまにまに、なほ踏みまどふ世人の過ちを、いささか思ひ定めしかたも侍《はべ》れば、また見む人のためにもと、くだくだしく書いつくるのみ。

（香川景樹『桂園遺文』による）

（注）
1 愛宕《あたご》・嵐《あらし》の山々――京都の北西方面の山々。
2 をさな――幼い子供。前出の、「をさなき」と同一人物。
3 黒谷《くろだに》の入相《いりあひ》――京都の北東方面の黒谷にある寺院の夕方の鐘の音。
4 あめ牛に突かれたる――おとなしい雌牛に突かれるように、思いがけない目にあうこと。
5 三十六人――主に平安時代に活躍した三十六人のすぐれた歌人。

問1 傍線部(ア)～(ウ)の解釈として最も適当なものを、次の各群の①～⑤のうちから、それぞれ一つずつ選べ。（5点×3）

(ア) にほひやかに横ほれり
① 美しく照りはえて横たわっている
② 香気を漂わせてただよっている
③ 冷ややかに沈んで下に広がっている
④ ぼんやりと霞んでただよっている
⑤ 華やかなさまにさかえている

(イ) 歌といふ名になづみ
① 歌と聞いて安心し
② 歌を詠むのを不快に思い
③ 歌と聞いてなつかしく思い
④ 歌という名称に圧倒され
⑤ 歌という名にこだわり

(ウ) とくも心得けむかし
① 解決して納得しただろうよ
② 成し遂げて嬉しく感じただろうよ
③ 立派に振る舞っただろうよ
④ すぐに納得しただろうよ
⑤ 十分に判断できただろうよ

問2 傍線部A「かく言ふが、かの歌なり」の「かく言ふ」と「かの歌」の指す部分として、最も適当なものを、次の①〜⑤のうちから一つ選べ。(7点)

① 「かく言ふ」は「菫の花に似たり」を指し、「かの歌」は「見るもの聞くものにつけて言ひ出だせる」歌を指す。
② 「かく言ふ」は「菫の花に似たり」を指し、「かの歌」は「月に花に触れて」詠む歌を指す。
③ 「かく言ふ」は「菫の雲は消えにけるかな」を指し、「かの歌」は、「見るもの聞くものにつけて言ひ出だせる」歌を指す。
④ 「かく言ふ」は「菫の雲は消えにけるかな」を指し、「かの歌」は「月に花に触れて」詠む歌を指す。
⑤ 「かく言ふ」は「菫の雲は消えにけるかな」を指し、「かの歌」は「百人一首・三十六人の古歌」を指す。

問3　傍線部B「なかなかのしれわざ」の説明として最も適当なものを、次の①～⑤のうちから一つ選べ。（7点）

①相手が幼い子供だからと軽く考えていたところ、かえってこちらが思っていた以上に気のきいた応対をしたこと。
②相手が幼い子供であることを考慮して丁寧に指導した結果、十分に満足のいく効果があげられたこと。
③相手が幼い子供であることを考慮して丁寧な指導を心がけたのに、こちらの真意をまったく理解しなかったこと。
④相手が幼い子供だからと軽く考えていたために、かなり適切さに欠ける安易な表現を用いてしまったこと。
⑤相手が幼い子供であることを考慮して平易な表現を用いたために、かえって子供にひけを取ってしまったこと。

問4　傍線部C「かたなりなるは言ふにたらず、その心ばへは真心にして、さらに歌のほかならず」の解釈として適当なものを、次の①～⑤のうちから一つ選べ。（7点）

①未熟でお話にならないほどひどく、歌に対する真剣な姿勢は見られるものの、とうてい歌であるとはいえない。
②未熟であることは言うまでもないが、素直な気持ちが込められているので、十分に歌と呼べるものである。
③未熟であるのは言うまでないことで、素直な気持ちが込められてはいるが、まったく歌の体をなしていない。
④未熟であるなどということはなく、素直な気持ちが込められているので、歌以外の何物でもない。
⑤未熟であるなどということはなく、歌に対する真剣な姿勢が見られるので、歌であるというほかはない。

問5　次に示す【文章】の内容を踏まえて、本文の内容の説明として最も適当なものを、後の①～⑥のうちから二つ選べ。（7点×2）

【文章】

やまとうたは、人の心を種《たね》として、万《よろづ》の言《こと》の葉《は》とぞなれりける。世の中にある人、ことわざ繁《しげ》きものなれば、心に思ふことを、見るもの聞くものにつけて、言ひ出《いだ》せるなり。花に鳴く鶯《うぐひす》、水に住む蛙《かはづ》の声《こゑ》を聞けば、生きとし生けるもの、いづれか歌をよまざりける。力をも入《い》れずして、天地《あめつち》を動かし、目に見えぬ鬼神《おにがみ》をもあはれと思はせ、男女《をとこをんな》の中をも和《やは》らげ、猛《たけ》き武士《もののふ》の心をも慰むるは歌なり。

（紀貫之『古今和歌集仮名序』による）

（注） やまとうた —— 和歌。　ことわざ —— 様々な物事。
天地 —— 天地の神々。　鬼神 —— 天地万物の霊魂。

① 和歌とは、まず自分の体験とそれに基づく心情を詠むことから始め、やがて、古典的秀歌の技法を習得することへ進むべきだという考えを、幼い子供とのやりとりを実例にして述べている。

② 和歌とは、自分の心情の吐露ではなく、古典的秀歌を徹底的に暗唱し、模倣して習得すべきだという考えを、古今集の仮名序の理論をもとに述べている。

③ 和歌とは、古典的秀歌を手本として改まった気持ちで詠むべきものではなく、その折々の自分の心情をありのままに詠むものだという考えを、幼い子供とのやりとりを実例にして述べている。

④ 和歌とは、様々に変化する情景を詠むことから始め、やがて、自分の心情を詠むことへと進むべきだという考えを、古今集の仮名序の理論をもとに述べている。

⑤ 和歌とは、まず古今集の仮名序を読むことから始め、やがて、その理論を自分の体験に生かした形で詠みあげるようにすべきだという考えを、幼い子供とのやりとりを実例にして述べている。

⑥ 和歌とは、月や花を詠んだ優れた歌をひたすら模倣するものではなく、思い浮かんだ素直な感情を詠み上げることであるということを、幼い子どもとのやりとりを実例にして述べている。

【読んでおきたい!! ジャンル別入試頻出作品ベスト5】

ジャンル	順位	作品名	作者・著者	成立	種類
説話	1	今《こん》昔《じゃく》物語集	未詳	平安	世俗
	2	十《じっ》訓《きん》抄《しょう》	未詳	鎌倉	世俗
	3	宇《う》治《じ》拾《しゅう》遺《い》物語	未詳	鎌倉	世俗
	4	沙《しゃ》石《せき》集《しゅう》	無《む》住《じゅう》	鎌倉	仏教
	5	発《ほっ》心《しん》集《しゅう》	鴨長明《かものちょうめい》	鎌倉	仏教
物語	1	源《げん》氏《じ》物語	紫《むらさき》式《しき》部《ぶ》	平安	その他
	2	今《いま》鏡《かがみ》	藤原為経？	平安	歴史物語
	3	浜《はま》松《まつ》中《ちゅう》納《な》言《ごん》物語	菅原孝標女？	平安	その他
	4	大和《やまと》物語	未詳	平安	歌物語
	5	宇《う》津《つ》保《ほ》物語	源順《したごう》？	平安	その他
日記	1	蜻《かげ》蛉《ろう》日記	藤原道綱母《みちつなのはは》	平安	—
	2	とはずがたり	後深草院二条	鎌倉	—
	3	和《い》泉《ずみ》式《しき》部《ぶ》日記	和泉《いずみ》式部	平安	—
	4	更《さら》級《しな》日記	菅原孝標女《すがわらのたかすえのむすめ》	平安	—
	5	讃岐典侍《さぬきのすけ》日記	藤原長子《ちょうし》	平安	—
随筆（評論）	1	枕《まくらの》草《そう》子《し》	清《せい》少《しょう》納《な》言《ごん》	平安	随筆
	2	俊《とし》頼《より》髄《ずい》脳《のう》	源俊頼	平安	評論
	3	無《む》名《みょう》抄《しょう》	鴨長明	鎌倉	評論
	4	無《む》名《みょう》草《ぞう》子《し》	藤原俊成女？	鎌倉	評論
	5	玉《たま》勝《かつ》間《ま》	本《もと》居《おり》宣《のり》長《なが》	江戸	評論

※大学入試問題約1000回分（主要28大学の各学部×10年分）の出典を集計。詳細は『レベル②』を参照。

※これらの作品は入試頻出です。特に私大文系を目指す人は、最低限「概要」だけでも把握しておきましょう。出題されたときに非常に有利になります。

NAME